Vivre sans produits laitiers

L'imprévu

72, rue de Rochechouart
75009 Paris

Réalisation : *In*Texte Édition, Toulouse

Cottage Farm
Sywell
NN6 0BJ

Photographies de couverture : Photocuisine UK

ISBN : 979-10-295-0203-3

Dépôt légal : septembre 2015

Imprimé en Chine

isir de choisir,
d'offrir.
votre visage ravi
Nous transmettons
votre remerciement
Ce qui compte c'est
le désir de transmettre.

Sommaire

Introduction

Quels bienfaits retire-t-on d'un régime sans lait ? L'effort en vaut-il la peine ? Le lait est-il mauvais pour la santé ? Pourquoi tant de gens décident-ils aujourd'hui de supprimer le lactose du lait qu'ils consomment ?

Au fil des ans, nous avons considérablement réduit notre consommation de produits carnés, et parfois même supprimé tout produit animal de notre alimentation. Si cette décision relève souvent de préoccupations d'ordre éthique, elle est de plus en plus motivée par des questions de santé. Le lait et les produits laitiers ont un impact sur l'organisme humain scientifiquement prouvé, et le régime sans lait est souvent vanté pour ses bienfaits au niveau de la peau, des voies aériennes, mais aussi des systèmes digestif et immunitaire.

Se passer de lait ?

L'avènement de substituts du lait et de boissons enrichies en calcium – y compris de suppléments pour les personnes souffrant d'intolérance au lactose – permet aujourd'hui de suivre un régime alimentaire à la fois équilibré, sain et varié, intégrant tous les groupes d'aliments. Ces produits sont désormais largement distribués et n'obligent plus le consommateur à dénicher une boutique spécialisée, ou à éviter les bars et les cafés pour déguster un chocolat chaud au lait de soja.

Le lait, c'est quoi ?

Le lait est constitué d'eau, mais aussi de glucides, de protéines, de matières grasses et de minéraux. Une bouteille de lait de supermarché peut abriter d'autres substances, moins souhaitables et potentiellement dangereuses pour la santé.

Ingrédients naturels

Le lait doit sa douceur à la présence de lactose, un sucre simple. Il apporte également des protéines, sous forme de caséine et de protéines de petit-lait, ou lactosérum, mais aussi des vitamines et des minéraux, dont le célèbre calcium favorisant la croissance osseuse. Il contient en outre phosphore, magnésium, potassium, sodium, iode, sélénium, zinc, fer et cuivre.

Les mauvais points

La matière grasse du lait est constituée en majorité de matière grasse saturée, responsable de l'élévation du taux de mauvais cholestérol et de risques cardiaques accrus. Le beurre est presque dépourvu de lactose, mais il abrite essentiellement de la matière grasse, sans grande valeur nutritionnelle. Par ailleurs, le lait de vache abrite à l'état naturel une large variété d'hormones et molécules destinées à stimuler la croissance des veaux. L'influence néfaste de ces ingrédients sur notre santé fait l'objet de bien des débats et de divergences de points de vue.

Mais que les amateurs de lait se consolent ! Le lait bio présente moins de traces de ces additifs, et les accros au lait cru (non pasteurisé) affirment qu'il renfermerait bien plus de nutriments et de bactéries bénéfiques pour notre organisme.

Dites non !

Certains décident de bannir totalement les produits laitiers de leur alimentation pour améliorer leur bien-être. En effet, si l'on élimine ces sous-produits animaux de notre régime alimentaire, la diminution sensible de notre consommation de matières grasses participe à abaisser notre taux de mauvais cholestérol et prévient toute prise de poids. La suppression du lait peut aussi nous aider

à lutter contre bien des symptômes, externes ou internes, en rapport avec une mauvaise santé.

Alimentation éthique

Certains choisissent de modifier leur alimentation très progressivement. On peut commencer par éliminer chaque semaine différents produits laitiers, de façon à ne pas aborder la perspective d'un régime sans lait comme une punition.

D'autres optent pour un changement drastique. Ainsi, régime végétarien et véganisme ne cessent de gagner en popularité, pour des raisons de santé, mais aussi pour des considérations éthiques, en matière d'environnement et de bien-être animal. L'élevage animal à des fins alimentaires est gourmand en eau, en cultures fourragères et en pâtures. Or l'exploitation de la terre pour nourrir les hommes est largement plus productive, tout en étant moins dommageable pour l'écosystème.

Sachez cependant qu'un régime sans lait peut être apprécié avec ou sans l'apport de produits carnés. À vous de choisir !

Allergie ou intolérance ?

Qui ne souffre pas d'allergie ? Plus d'un quart de la population est affecté, à des degrés variés. L'allergie au lait ou aux produits laitiers reste heureusement rare. En général, les réactions physiques face à un aliment sont liées à une intolérance à l'un ou à plusieurs de ses composants.

Une allergie au lait est provoquée par une réaction du système immunitaire en présence d'un élément du lait, en général une de ses protéines (la caséine ou le lactosérum). L'organisme produit des anticorps pour combattre cet élément, qu'il juge indésirable. Les symptômes classiques sont le gonflement du cou ou du visage, la difficulté à respirer, voire l'anaphylaxie. Les douleurs digestives (voir page 15) sont également courantes. Les personnes allergiques veilleront à ne pas consommer de produits laitiers, même en quantités infimes.

Une tolérance variable

Les intolérances au lait, quant à elles, n'impliquent pas le système immunitaire. Dans ce cas, le corps ne synthétise pas les éléments du lait – parfois les protéines, mais le plus souvent le lactose. L'intolérance engendre des maux d'intensité variable. Certains ressentent une simple gêne, d'autres souffrent de crampes. Les seuils de tolérance varient. Si certains ne supportent pas un nuage de lait dans leur thé, d'autres peuvent ingérer de petites quantités de lait de temps à autre.

Attention aux substituts

Un quart des personnes allergiques au lait se révèlent aussi allergiques au soja. Se tourner vers le lait de soja peut alors être source d'autres problèmes. Le lait de chèvre et de brebis abrite les mêmes protéines, et peut donc être à l'origine d'une réaction allergique.

Êtes-vous intolérant?

Les symptômes de l'intolérance au lait sont comparables à ceux de bien des maux. Il vous appartient de bien cerner la source du problème. Si vous jugez que le lait est responsable, évitez les produits laitiers durant trois semaines, puis réintroduisez ces produits dans votre alimentation, l'un après l'autre, en commençant par les moins suspects, comme les yaourts bio ou le fromage à pâte dure. Surveillez alors la réaction de votre organisme. Consultez votre médecin traitant ou un diététicien agréé pour plus d'informations et conseils.

Acné

La recherche suggère que la consommation de produits laitiers aggraverait les problèmes d'acné. Les produits laitiers entraînent parfois une augmentation du taux d'insuline et d'IGF-1, une hormone de croissance naturelle, pouvant entraîner une sécrétion excessive de sébum, cette substance grasse qui obstrue les pores.

Signes extérieurs

Les produits laitiers sont parfois responsables d'affections cutanées et respiratoires, comme le psoriasis, l'eczéma, l'urticaire, l'asthme et la sinusite. De même, on pense qu'une consommation excessive de produits laitiers majore les problèmes d'otite séreuse et de rhume des foins. Les produits laitiers sont à l'origine d'une surproduction de liquide séreux et de mucus, obstruant conduits auditifs et voies aériennes. On ignore encore jusqu'à quel point la consommation de produits laitiers influe sur ces maux, mais il est sûr qu'un régime alimentaire sain, riche en vitamines et pauvre en graisse, améliore l'ensemble de ces affections.

Troubles digestifs

Parmi les symptômes d'ordre digestif, on note souvent : ballonnement, excès de gaz (flatulences), diarrhée, constipation, crampes d'estomac, nausées, gonflement des chevilles ou cernes. Ces problèmes sont liés à la présence dans les intestins de lactose indigeste qui entraîne un début de fermentation, source d'inconfort plus ou moins douloureux, mais aussi de rétention d'eau et de ballonnement.

Troubles du développement

Certains spécialistes sont convaincus qu'il existe un lien entre l'intolérance au lait et certaines maladies, comme l'autisme ou le syndrome d'Asperger. Dans des cas moins évidents, de nombreux enfants souffrant d'un manque d'énergie, de douleurs dans les membres, de distension abdominale ou d'ulcères buccaux ont ressenti les bénéfices de la suppression des produits laitiers de leur régime alimentaire.

Infos santé

Les hommes sont les seules créatures sur Terre qui boivent du lait produit par d'autres espèces. Ce constat est à lui seul suffisant pour nous inciter à ne plus consommer de lait. On estime qu'environ 70 % de la population mondiale souffrirait d'une intolérance aux produits laitiers, avec des proportions bien supérieures dans certaines régions du monde.

Aliment premier

Tous les mammifères tètent pour se nourrir du lait indispensable à leur croissance. Le bébé produit une enzyme, la lactase, qui lui permet de décomposer le sucre présent dans le lait (lactose). Cette enzyme est produite en quantités de plus en plus réduites au fil de la croissance de l'enfant (ou du veau, du louveteau ou encore du chaton). Cela explique que le mammifère adulte digère difficilement ce sucre. Croyez-le ou non, mais les chats adultes présentent pour la plupart une intolérance au lactose, ce qui va à l'encontre de cette image populaire du chat lapant un bol de lait.

Allergie rare

Les vraies réactions allergiques au lait restent rares. Sévères et impressionnantes, ces réactions varient et s'atténuent parfois avec le temps. Chez certains enfants, l'allergie disparaît même avec l'âge.

L'intolérance au lactose fonctionne sur le même principe chez les enfants ayant été allaités. La persistance de la lactase est génétiquement déterminée, et se rencontre le plus souvent dans les régions du monde où la production laitière relève de la tradition, notamment en Europe et aux États-Unis. La proportion de personnes intolérantes au lactose est plus élevée ailleurs. Ainsi, plus de 95 % des populations asiatique, africaine ou hispanique présentent une intolérance partielle ou totale au lactose, après sevrage de l'allaitement maternel.

En douceur

Si vous souhaitez éliminer les produits laitiers de votre alimentation et apprécier les bienfaits de ce régime, vous devez prendre en compte quelques éléments. Commencez par dresser une liste de tous les produits laitiers que vous mangez régulièrement, puis rayez ceux dont vous pourriez aisément vous passer. Abandonner un produit ou deux par semaine ne devrait pas être trop difficile.

Lecture des étiquettes

Si vous voulez éliminer tous les produits laitiers de votre alimentation, vous devrez passer en revue les étiquettes. Détaillez la liste des ingrédients de chaque produit, vous serez surpris par le nombre de produits laitiers « masqués ». (Voir la liste des ingrédients à éviter page 26). Vous remarquerez vite qu'un même produit peut, selon le fabricant, contenir ou non des produits laitiers. Les recettes d'un produit évoluent parfois, et un produit que vous aurez listé « non acceptable » une année peut se retrouver « acceptable » l'année suivante.

Consommateur curieux

Nous avons tous des goûts différents. Si le lait de soja laisse vos papilles indifférentes, essayez le lait de riz ou de noix de coco. Essayez aussi plusieurs marques. Une marque de lait d'amande peut présenter une saveur différente d'une autre, mais aussi contenir d'autres ingrédients, comme de l'extrait de vanille, du sucre ou des édulcorants naturels qui altèrent sa saveur.

Boissons dangereuses

Prenez garde à ne pas tomber dans le piège qui consiste à remplacer le lait par des boissons susceptibles d'entraîner d'autres problèmes de santé. Les boissons à base de fruits présentent trop souvent une teneur élevée en sucre et en calories « vides », destinées à booster votre énergie, mais dépourvues de toute valeur nutritionnelle. Les boissons gazeuses, notamment celles qui sont à base de caféine, comme les colas, sont pires encore. Elles détruisent les minéraux du tissu osseux, participent à abaisser la densité osseuse, et donc à accroître le risque de fracture ou d'ostéoporose.

Bon à savoir

Il a été prouvé que l'adoption d'un régime pauvre en produits laitiers participe à soulager les symptômes de l'endométriose (maladie du système reproducteur féminin) en réduisant l'inflammation des zones affectées. En cas de sevrage tabagique, la réduction de la consommation de produits laitiers participe à l'arrêt de la sécrétion de mucus en début de sevrage.

Les autres laits

Il se peut que vous ayez besoin de l'apport d'une touche de « liquide blanc », dans votre thé, pour préparer une sauce ou enrichir vos céréales le matin. Quelles sont alors les options possibles ?

Si vous êtes intolérant au lactose, rien ne vous empêche d'utiliser un lait sans lactose ou d'avaler des comprimés d'enzyme de lactase avant de consommer vos produits laitiers habituels. Le lait sans lactose est enrichi en lactase, et les deux options aident l'organisme à mieux digérer le lactose. Demandez conseil à votre médecin traitant avant de recourir à une supplémentation en lactase.

Substituts du lait

Les substituts du lait les plus répandus sont à base de plantes. Le lait peut être extrait de bien des végétaux : soja, riz, avoine, noix de coco, quinoa, amandes, noisettes, noix de cajou, noix du Brésil, et même pommes de terre et chanvre… Le lait de noix de coco, délicieux et à la saveur distincte, est idéal en cuisine.

Le lait de soja, le plus largement distribué, remplace bien le lait de vache car il offre une teneur en protéines sensiblement identique. Moins riche que le lait de vache en calcium digeste, il est souvent enrichi en calcium lorsqu'il est proposé en briques. Le lait de soja entre aussi dans la fabrication d'autres produits, comme le fromage, la crème et les yaourts.

Le lait de chanvre est épais, parfois grumeleux. Moins riche en calcium que le lait de vache, il offre une teneur élevée en acides gras oméga 3, bons pour le cœur.

Le lait de riz est très fluide, donc plus facile à boire ou à utiliser en cuisine. Ce substitut est pauvre en protéines, comme le lait de noix, noisette ou amande.

Le lait d'avoine, pauvre en matières grasses, est souvent enrichi en vitamines et calcium. Il a une légère saveur sucrée qui le rend agréable à boire. Il est utile en cuisine.

De la modération en tout

La consommation de substituts aux produits laitiers doit être raisonnée. Un excès peut entraîner une surcharge dans l'organisme, ce qui provoquerait des réactions de santé négatives.

Les nutriments

Il est important que la suppression de produits laitiers dans votre alimentation, que ce soit pour des questions d'intolérance, de bien-être ou de mode de vie, ne vous prive pas de nutriments essentiels. Veillez donc à remplacer les produits laitiers par une variété d'aliments riches en nutriments.

Le lait, riche en calcium, a longtemps été associé à la promesse de dents saines et d'os solides. Il est vrai que les enfants ont besoin de se constituer un solide squelette pour leur vie d'adulte. Le calcium est essentiel au bon fonctionnement d'autres régions du corps, en participant entre autres à la coagulation, aux fonctions nerveuses et musculaires. Heureusement, les produits laitiers ne sont pas les seules sources de calcium.

Lait de soja et yaourts aux ferments actifs

Le lait de soja contient beaucoup moins de calories que le lait entier ordinaire, et six fois moins de calcium. Aujourd'hui, il est généralement distribué sous une forme enrichie en calcium. Veillez à bien agiter la brique avant utilisation car le calcium se concentre dans le fond. De même, veillez à consommer un jus d'orange enrichi en calcium.

Essayez de consommer des yaourts aux ferments actifs de qualité supérieure. Leur durée de fermentation plus longue signifie que l'essentiel du lactose a déjà été dégradé par les bactéries présentes dans le yaourt. Cela économise du travail à votre organisme. Le yaourt naturel est riche en calcium. Néanmoins, prenez garde au yaourt longue durée de conservation ou UHT, qui est dépourvu de ferments actifs. Le kéfir est un produit laitier fermenté bien toléré par l'organisme en raison de la présence de bactéries « consommatrices de lactose ».

Privilégiez les recettes à base d'ingrédients riches en calcium, comme les légumes-feuilles et les légumineuses (voir page 30), mais aussi les en-cas à base de noix pour booster votre apport en calcium. De même, une poignée de graines de sésame sur les salades ou les desserts offrent un bonus appréciable.

Des os solides

S'il est indispensable à la santé des dents et des os, le calcium à lui seul ne suffit pas. Notre organisme a aussi besoin de vitamine D, qui nous aide à assimiler le calcium, et d'une dose quotidienne d'exercice physique.

Question de squelette

La vitamine D est essentielle à la santé du squelette, mais protège aussi du rhume et de la dépression. Sachant que peu d'aliments renferment de la vitamine D, il faut la trouver ailleurs. Le soleil est la meilleure source de vitamine D, et 20 minutes passées au grand air un jour ensoleillé suffisent à satisfaire nos besoins. Attention aux coups de soleil et n'oubliez pas qu'une peau mate aura besoin d'une durée d'exposition plus longue pour produire une quantité de vitamine suffisante. Il faut une lumière solaire directe, cela ne marche pas derrière une fenêtre.

Vous pourrez toujours recourir à une supplémentation en vitamine D, même si l'efficacité d'un tel recours fait débat. La vitamine D est aussi présente dans la chair des poissons gras, le jaune d'œuf, le foie et les aliments enrichis, comme le lait de soja et le jus d'orange.

Activité, le maître mot

La pratique régulière d'exercices physiques augmente la masse osseuse dans la jeunesse et prévient la perte osseuse avec l'âge. La natation et le vélo ne contribuent pas à cet objectif, car il ne s'agit pas d'exercices dits « en charge ». Pour bien faire, vous devez avoir à lutter contre la gravité. La marche ou la danse sont des choix judicieux. Les exercices de résistance, comme la musculation, sont adaptés, au même titre que le jardinage et pourquoi pas, le shopping.

Os cassants

L'ostéoporose est une maladie qui fragilise les os, et augmente les risques de fractures. Elle est largement répandue, notamment chez les personnes âgées. La masse osseuse croît tout au long de notre jeunesse, jusqu'à atteindre un pic vers l'âge de 30 ans, avant son déclin progressif.

Le lait dans tous ses états

Pas question de s'engager dans un régime sans lait sans avoir appris à repérer dans une liste d'ingrédients le lait et ses dérivés. À l'évidence, il faut éviter la crème, le fromage et le beurre, mais le lait peut cacher sa présence. Alors, prudence !

Les personnes véritablement allergiques veilleront à ne jamais consommer de produits laitiers quelle que soit leur forme. En cas d'intolérance, une consommation en petite quantité n'entraîne pas de conséquences dramatiques. Seul un diagnostic médical permet de confirmer cette intolérance. Vous apprendrez vite à déchiffrer les étiquettes, mais n'oubliez jamais que la composition d'un produit peut changer. À vous de lire attentivement la liste des ingrédients avant chaque achat.

Produits laitiers classiques et ingrédients associés :

- petit-lait/lactosérum/protéines de petit-lait/lactosérum doux
- lactosérum hydrolysé
- caséine/caséinates
- caséine hydrolysée
- babeurre
- ghee
- lait caillé
- crème fraîche
- fromage blanc
- présure
- alpha lactalbumine
- lactose
- matière sèche du lait
- acide lactique (E270)
- lactobacilles
- bêta-lactoglobuline.

Les produits industriels

Les produits qui encombrent nos placards contiennent souvent, et à notre grande surprise, des dérivés du lait. Parmi eux la chapelure, les pâtes et les produits beurrés. Faites particulièrement attention avant l'achat des produits suivants :

- saucisses, jambon, tranches de dinde/poulet, poisson pané/produits à base de poulet, pizza, tourtes, pâté, produits apéritifs
- confiseries, gâteaux, biscuits, crackers, crème glacée, glaces et sorbets
- pain, gaufres, muffins, céréales de petit-déjeuner, pancakes
- bouillon, sauces, vinaigrettes
- purée en flocons
- certaines bières et certains vins
- comprimés et médicaments.

Rien de tel que de préparer une recette de A à Z pour savoir ce que vous consommez !

Bonne nouvelle

Le chocolat noir a toutes les chances de ne pas contenir de lactose. Ouf ! Plus la teneur en cacao est élevée, moins les risques sont grands. Privilégiez une teneur en cacao de 70 % ou plus. Mais n'oubliez pas de détailler la liste des ingrédients.

Les vérités

Les apprentis nutritionnistes sont nombreux et, en ce domaine, les fausses vérités abondent. N'écoutez pas tout ce que l'on vous raconte et ne croyez pas tout savoir sur le lait et les produits laitiers.

Le lait entier est pire en cas d'intolérance

Faux. La proportion de lactose dans un lait écrémé ou demi-écrémé est proche de celle du lait entier, ce qui rend les versions « allégées » comparables au lait entier.

Un régime sans lait peut intégrer œufs et fromage

Vrai et faux, selon les raisons qui vous poussent à suivre un régime sans lait. Les œufs ne sont pas classés dans la catégorie des produits laitiers (ils ne contiennent pas de lactose) et rien ne vous empêche d'en consommer en cas d'intolérance ou d'allergie au lait, mais les adeptes du véganisme s'abstiendront. De même, les fromages à pâte dure, comme l'édam, le cheddar, le parmesan et l'emmenthal, pauvres en lactose, peuvent être adaptés à ceux souffrant d'intolérance.

Le lait de chèvre est préférable à celui de vache

Encore une fois, tout dépend. Le lait de chèvre, mais aussi de bufflonne et de brebis, est de source animale. Il contient donc à la fois lactose et protéines de lait. Mais il semblerait que ces laits soient mieux assimilés par l'organisme. Si vous souffrez d'intolérance, vous pourrez peut-être consommer du lait de chèvre.

Il est difficile de cuisiner sans lait

Faux, à condition d'utiliser les bons substituts. Certaines préparations à tartiner et matières grasses sans lait se prêtent à la cuisson, mais vous remarquerez que la levée des gâteaux varie considérablement selon les produits. Le lait de riz peut être légèrement grumeleux, le lait de noix de coco apporte une saveur distincte, pas toujours adaptée à certaines recettes. Le lait de soja est crémeux, mais ne peut pas être fouetté, et les laits plus liquides ne sont pas toujours indiqués pour réussir une sauce. De même, certains fromages sans lait se révèlent fondants et parfaits pour les pizzas et les pâtes. Les fromages à pâte dure sans lait font de piètres garnitures pour les sandwiches, mais fonctionnent très bien dans la préparation de nombreuses recettes.

Régime et santé

À l'évidence, il est impossible de supprimer les produits laitiers de votre alimentation, sans les remplacer par des aliments riches en nutriments. La liste des candidats est longue et vous propose une large variété d'aliments et d'ingrédients délicieux.

Vous savez tout désormais de l'importance du calcium. Par ailleurs, il est assez facile de trouver des minéraux dans différents aliments autres que le lait. Optez pour des haricots secs, concentrés en protéines (blanc, rouge, noir), des lentilles, des pois chiches ou d'autres légumineuses et légumes, tous sources d'oméga 3 et de fibres. Noix, amandes, dattes, figues, prunes et abricots secs sont d'excellentes sources de calcium.

Saines alternatives

Privilégiez les légumes-feuilles pour un apport optimal en calcium. Chou frisé, brocoli, cresson, mesclun et pak-choï sont des légumes de choix, à condition de ne pas trop les cuire, au risque de leur faire perdre leurs qualités nutritionnelles.

Pour des produits riches en calcium, cherchez du côté de la mer. Si vous n'êtes pas végétarien, cuisinez sardines et harengs, anchois ou saumon en boîte – autrement dit, tous les poissons encore dotés d'arêtes. Rien ne vous empêche de goûter aux algues, riches en calcium, en fibres et en iode.

Il est important de consommer assez de protéines. La viande et les œufs en sont les premières sources, mais si votre régime vous interdit leur consommation, optez pour des protéines végétales, comme le tofu, le tempeh ou l'edamame. Le quinoa et l'amarante sont aussi une source appréciable de protéines. Les fruits à coque, secs ou en purée, ainsi que de nombreuses graines (sésame, tournesol, pavot et chanvre) compléteront votre apport en protéines.

Manger dehors

Trouver le bon restaurant n'est pas toujours facile, mais pour un menu sans produits laitiers, pensez aux cuisines du monde. L'absence de lait dans la cuisine japonaise ou celle du Sud-Est asiatique en font des options de choix.

Petit-déjeuner et brunch

Maintenant que vous êtes armé de toutes ces informations, il est temps de vous lancer. Préparez de délicieux repas sans produits laitiers, équilibrés et nutritifs. Veillez à bien varier les ingrédients – votre régime alimentaire souffrirait d'une trop grande répétition des menus.

L'organisation est essentielle, alors ne soyez pas avare en listes de courses et pensez à remplir les grilles de menus de la fin de cet ouvrage. Faites en sorte de tout avoir sous la main avant de commencer !

N'oubliez pas non plus l'importance des activités sportives, qui offrent un style de vie plus sain. Préparez un petit-déjeuner qui vous fait envie, puis sortez marcher ou courir, ou faites des exercices de gymnastique. Vous serez alors prêt pour attaquer la journée !

Œufs cocotte aux champignons

Pour 4 personnes
Préparation : 10 minutes
Cuisson : 15 minutes
Calories par portion : 286

Ingrédients

3 cuil. à soupe d'huile d'olive
2 gousses d'ail, hachées
450 g de champignons sauvages
100 g de fromage râpé sans lactose
4 gros œufs
sel et poivre noir du moulin

Recette

1. Préchauffer le four à 180 °C (th. 6). Faire chauffer l'huile dans une grande poêle à feu moyen.
2. Ajouter l'ail et faire revenir pendant 30 secondes, puis ajouter les champignons et poursuivre la cuisson 4 à 5 minutes, jusqu'à ce qu'ils s'attendrissent.
3. Transférer les champignons dans des cassolettes et garnir de fromage sans lactose. Casser un œuf dans chaque cassolette, saler et poivrer.
4. Enfourner pendant 4 à 5 minutes, jusqu'à ce que les œufs aient pris. Servir immédiatement.

Porridge de quinoa aux fruits

Pour 4 personnes
Préparation : 10 minutes
Cuisson : 15 minutes
Calories par portion : 400

Ingrédients

200 g de quinoa, rincé et égoutté
375 ml de lait d'amande non sucré
250 ml d'eau
3 cuil. à soupe de sirop d'agave
150 g de confiture de cassis
110 g de mûres
jus d'un demi-citron
2 cuil. à soupe de pistaches décortiquées, concassées

Recette

1. Mettre le quinoa, le lait d'amande, l'eau et le sirop d'agave dans une grande casserole et porter à frémissement à feu moyen.
2. Réduire le feu et laisser mijoter pendant 10 à 12 minutes, jusqu'à ce que le porridge de quinoa soit épais et crémeux.
3. Réchauffer la confiture dans une petite casserole avec les mûres et le jus de citron.
4. Dresser le porridge dans des bols et garnir de confiture, de fruits et de pistache avant de servir.

Pain perdu aux pommes

Pour 4 personnes
Préparation : 10 minutes
Cuisson : 20 minutes
Calories par portion : 501

Ingrédients

3 cuil. à soupe d'huile de noix de coco

2 grosses pommes golden, évidées et coupées en quartiers

75 g de sucre en poudre

4 gros œufs

500 ml de lait de soja

½ cuil. à café d'extrait de vanille

8 tranches épaisses de pain blanc

Recette

1. Préchauffer le four à 190 °C (th. 6-7). Faire fondre l'huile de noix de coco dans une sauteuse à feu moyen.
2. Ajouter les pommes et la moitié du sucre, et bien mélanger. Faire cuire pendant 3 à 4 minutes, jusqu'à ce que les pommes s'attendrissent.
3. Débarrasser les pommes sur une assiette. Battre les œufs avec le lait de soja, le sucre restant et l'extrait de vanille.
4. Plonger les tranches de pain dans le mélange précédent et en déposer la moitié dans un plat à four. Ajouter les pommes et couvrir avec le pain restant.
5. Enfourner le plat pendant 8 à 10 minutes, jusqu'à ce que le pain soit doré. Laisser reposer avant de servir.

Barres de céréales croquantes

Pour 8 personnes
Préparation : 5 minutes
Cuisson : 55-60 minutes
Calories par portion : 442

Ingrédients

175 g d'huile de noix de coco vierge extra
175 g de golden syrup
350 g de flocons d'avoine
110 g de raisins secs
1 pincée de sel

Recette

1. Préchauffer le four à 160 °C (th. 5-6) et couvrir de papier de cuisson un moule carré de 18 cm de côté.
2. Faire fondre l'huile de coco avec le golden syrup dans une casserole à feu moyen.
3. Incorporer les flocons d'avoine, les raisins secs et le sel, et mélanger grossièrement.
4. Répartir la préparation dans le moule et aplatir légèrement la surface.
5. Enfourner pendant 40 à 45 minutes, jusqu'à ce que la surface ait pris et soit dorée. Laisser refroidir sur une grille avant de découper et de servir.

Fruits pochés

Pour 4 personnes
Préparation : 5 minutes
Cuisson : 15 minutes
Calories par portion : 147

Ingrédients

600 g de pommes bramley, pelées, évidées et concassées

300 g de mûres

55 g de sucre en poudre

2 cuil. à soupe d'eau chaude

jus d'un demi-citron

Recette

1. Mélanger les fruits, le sucre, l'eau et le jus de citron dans une grande casserole.
2. Couvrir et faire cuire à feu doux pendant 12 à 15 minutes, jusqu'à ce que les fruits soient tendres et juteux.
3. Laisser tiédir, puis transférer dans des coupes à dessert. Servir chaud ou froid.

Smoothie à la fraise

Pour 4 personnes
Préparation : 10 minutes
Calories par portion : 142

Ingrédients

250 g de yaourt au lait de coco sans lactose
250 ml de lait d'amande non sucré
125 g de glace pilée
2 cuil. à soupe de sirop d'agave
300 g de fraises, équeutées et hachées
quelques brins de menthe, pour décorer

Recette

1. Mettre tous les ingrédients dans un robot de cuisine, sauf la menthe.
2. Mixer jusqu'à obtention d'une consistance homogène, puis verser le smoothie dans des verres. Garnir de brins de menthe avant de servir.

Galettes au saumon fumé

Pour 4 personnes
Préparation : 10 minutes, plus temps de refroidissement
Cuisson : 40 minutes
Calories par portion : 228

Ingrédients

300 ml de lait d'amande
6 petits œufs
1 petite botte de ciboulette, finement hachée
100 g de farine de sarrasin
3 cuil. à soupe d'huile de tournesol
110 g de tranches de saumon fumé
jus d'un demi-citron
sel et poivre noir du moulin

Recette

1. Dans un bol, battre 225 ml de lait avec 2 œufs, du sel, du poivre et la ciboulette.
2. Ajouter la farine et mélanger jusqu'à obtention d'une consistance homogène. Couvrir et mettre au réfrigérateur pendant 30 minutes.
3. Huiler une petite poêle et y verser de bonnes cuillerées à soupe de pâte. Faire cuire les galettes jusqu'à ce que la surface se plisse, puis les retourner et les faire cuire pendant encore 1 minute. Réserver au chaud.
4. Battre le lait restant avec les œufs restants, du sel et du poivre.
5. Faire chauffer une casserole à feu moyen et y faire cuire les œufs jusqu'à ce qu'ils soient brouillés.
6. Arroser le saumon de jus de citron et le servir avec les galettes et les œufs brouillés.

Flocons d'avoine aux pommes

Pour 4 personnes
Préparation : 5 minutes
Cuisson : 10 minutes
Calories par portion : 331

Ingrédients

150 g de flocons d'avoine
450 ml de lait d'avoine
375 ml d'eau froide
2 petites pommes gala ou fuji, évidées et hachées
55 g de noix, concassées
2 cuil. à café de cannelle en poudre

Recette

1. Mélanger les flocons d'avoine, le lait et l'eau dans une grande casserole à fond épais.
2. Porter à frémissement à feu moyen et poursuivre la cuisson pendant 6 à 7 minutes, jusqu'à obtention d'une consistance épaisse et crémeuse.
3. Transférer la préparation dans des bols et garnir de pommes hachées, de noix concassées et de cannelle en poudre. Servir immédiatement.

Panettone aux groseilles

Pour 6 personnes
Préparation : 20 minutes, plus temps de repos
Cuisson : 45-50 minutes
Calories par portion : 471

Ingrédients

1 cuil. à soupe de levure de boulanger déshydratée
75 ml d'eau tiède
55 g de sucre roux
3 gros œufs
2 cuil. à soupe de groseilles
2 cuil. à soupe de zestes d'agrumes
75 g de raisins secs
110 g d'huile de noix de coco
300 g de farine, un peu plus pour saupoudrer
confiture de groseilles, pour accompagner

Recette

1. Dans un grand bol, dissoudre la levure dans l'eau, puis ajouter le sucre, les œufs, les fruits et l'huile de noix de coco.
2. Ajouter ensuite la farine sans cesser de remuer de façon à obtenir une pâte lisse.
3. Pétrir la pâte sur un plan de travail fariné jusqu'à ce qu'elle soit souple et élastique.
4. Mettre la pâte dans un bol huilé, la couvrir d'un torchon et la laisser lever près d'une source de chaleur pendant 40 à 45 minutes, jusqu'à ce qu'elle ait doublé de volume.
5. Mettre la pâte dans un moule, puis la laisser lever encore 40 à 45 minutes.
6. Préchauffer le four à 180 °C (th. 6) et y faire cuire le panettone pendant 45 à 50 minutes, jusqu'à ce qu'il ait levé et qu'il soit doré. Servir avec de la confiture.

Omelette aux champignons

Pour 4 personnes
Préparation : 10 minutes
Cuisson : 20 minutes
Calories par portion : 207

Ingrédients

8 gros œufs
2 gros blancs d'œufs
250 ml de lait d'avoine
2 cuil. à soupe d'huile de tournesol
1 piment vert, finement haché
225 g de champignons sauvages
brins de ciboulette, pour décorer
sel et poivre noir du moulin

Recette

1. Préchauffer le four à 180 °C (th. 6). Battre les œufs avec les blancs d'œufs, le lait d'avoine, du sel et du poivre dans un bol.
2. Faire chauffer l'huile dans une sauteuse à feu moyen, ajouter le piment et le faire revenir pendant 1 minute, avant d'ajouter les champignons.
3. Faire cuire pendant 5 à 6 minutes, jusqu'à ce que les champignons s'attendrissent, puis saler et poivrer.
4. Verser le mélange à base d'œufs dans la sauteuse et laisser prendre pendant 1 minute. Enfourner la sauteuse pendant 10 à 12 minutes, jusqu'à ce que l'omelette ait gonflé et soit dorée.
5. Laisser reposer, puis démouler l'omelette et la servir garnie de ciboulette.

Muffins aux mûres

Pour 8 muffins
Préparation : 5-10 minutes
Cuisson : 18-22 minutes
Calories par portion : 155

Ingrédients

110 g de farine avec poudre levante incorporée, tamisée

110 g de sucre en poudre

110 ml d'huile de tournesol

2 gros œufs

1 cuil. à café de bicarbonate de soude

225 g de mûres

2 cuil. à soupe de yaourt au lait de coco

jus d'un demi-citron

1 pincée de sel

Recette

1. Préchauffer le four à 180 °C (th. 6) et mettre des caissettes en papier dans 8 alvéoles d'un moule à muffins.
2. Mélanger la farine, le sucre, l'huile, les œufs, le bicarbonate de soude et le sel dans un grand bol et mélanger à l'aide d'un batteur électrique.
3. Incorporer les mûres, le yaourt et le jus de citron.
4. Répartir la préparation dans les caissettes et enfourner le moule pendant 18 à 22 minutes, jusqu'à ce que les muffins aient levé et qu'une brochette piquée au centre ressorte sans trace de pâte.
5. Laisser reposer sur une grille avant de servir.

Œufs pochés au thym

Pour 4 personnes
Préparation : 5 minutes
Cuisson : 10 minutes
Calories par portion : 127

Ingrédients

quelques brins de thym

1 cuil. à soupe de vinaigre de vin blanc

8 œufs

sel et baies de poivre du moulin

Recette

1. Porter une casserole d'eau à frémissement, ajouter un peu de thym et le vinaigre.
2. Casser les œufs dans des coupelles, puis les pocher quatre par quatre pendant 3 minutes. Retirer les œufs pochés de la casserole à l'aide d'une écumoire et les égoutter sur du papier absorbant.
3. Servir les œufs avec le thym restant, après les avoir salés et poivrés.

Smoothie au pamplemousse détox

Pour 4 personnes
Préparation : 10-15 minutes
Calories par portion : 197

Ingrédients

4 grosses carottes, pelées et hachées
2 pommes, évidées et hachées
jus de 2 pamplemousses
jus de 2 pomélos
250 ml de lait d'amande
250 g de glace pilée

Recette

1. Prélever le jus des carottes et des pommes avec une centrifugeuse ou un extracteur. Mélanger le jus obtenu avec celui des pamplemousses et des pomélos, puis mettre le tout dans un robot de cuisine avec le lait d'amande et la glace pilée.
2. Mixer, puis verser le smoothie dans les verres et servir.

Champignons farcis

Pour 4 personnes
Préparation : 15 minutes
Cuisson : 30-35 minutes
Calories par portion : 298

Ingrédients

1 cuil. à soupe de margarine sans lactose
8 tranches de lard, finement hachées
1 échalote, finement hachée
2 gousses d'ail
4 branches de céleri, pelées et émincées
75 g de tomates séchées à l'huile, égouttées et hachées
quelques brins de thym, hachés
12 gros champignons de Paris
55 ml d'huile d'olive
sel et poivre noir du moulin

Recette

1. Préchauffer le four à 190 °C (th. 6-7). Faire fondre la margarine dans une sauteuse à feu moyen.
2. Ajouter le lard et le faire revenir pendant 2 à 3 minutes, avant d'ajouter l'échalote, l'ail, le céleri, les tomates séchées et un peu de sel. Poursuivre la cuisson pendant 4 à 5 minutes, jusqu'à ce que la préparation ait doré.
3. Ajouter le thym et rectifier l'assaisonnement. Après avoir ôté leur pied, farcir les champignons avec la préparation précédente et les placer dans un plat à four.
4. Arroser d'huile d'olive et enfourner pendant 20 à 25 minutes, jusqu'à ce que les champignons aient légèrement doré.

Déjeuner et en-cas

Adopter un nouveau régime alimentaire peut se révéler effrayant, surtout si vous tenez particulièrement au gruyère dans les pâtes et à votre bout de fromage en fin de repas. Ne soyez pas pressé, prenez le temps de vous faire à vos nouvelles habitudes.

Le mieux est de tester de nouvelles recettes : de nombreux en-cas sont sans lactose, et vous aideront en outre à consommer vos cinq fruits et légumes quotidiens.

Au début de votre aventure, prévoyez du temps le soir ou le week-end pour préparer quelques recettes et déterminer celles qui vous plaisent le plus. Vous pourrez ensuite congeler ces plats en portions individuelles, prêtes à être emportées le matin en partant travailler. Prévoyez des paniers-repas gourmands et vous ferez envie à tous ceux qui se contentent de leur éternel sandwich.

Salade au cabillaud vapeur

Pour 4 personnes
Préparation : 10-15 minutes
Cuisson : 15-20 minutes
Calories par portion : 258

Ingrédients

4 filets de cabillaud de 175 g, désarêtés

2 cuil. à soupe d'huile d'olive

150 g de mesclun

1 petite botte de ciboulette, brins coupés en deux

75 g de radis, émincés

½ petit chou blanc, ciselé

1 gros oignon, coupé en fins anneaux

1 citron, coupé en rondelles

sel et poivre noir du moulin

Recette

1. Mettre le poisson dans un panier à étuver, puis l'arroser d'huile d'olive. Saler et poivrer.
2. Couvrir le panier et placer le tout dans une casserole remplie à demi d'eau frémissante.
3. Faire cuire pendant 12 à 16 minutes, jusqu'à ce que le cabillaud soit ferme, mais toujours souple au toucher.
4. Mélanger le mesclun avec la moitié de la ciboulette, les radis, du sel et du poivre. Préchauffer le gril à température maximale.
5. Garnir le poisson d'anneaux d'oignon et de rondelles de citron, et le passer au gril pendant 2 minutes.
6. Servir le poisson sur un lit de mesclun, garni de la ciboulette restante.

Yakitoris de poulet

Pour 4 personnes
Préparation : 15 minutes, plus temps de macération
Cuisson : 10 minutes
Calories par portion : 181

Ingrédients

55 ml de mirin

75 ml de sauce de soja claire

4 blancs de poulet, coupés en dés

8 brochettes en bois, mises à tremper 15 minutes avant la cuisson

poivre noir du moulin

½ melon galia

1 poivron rouge, épépiné et émincé

2 kiwis, pelés et émincés

150 g de mesclun

1 petite botte de menthe, effeuillée

Recette

1. Émulsionner le mirin avec la sauce de soja dans un bol. Ajouter la moitié du mélange au poulet dans un autre bol.
2. Laisser mariner pendant 15 minutes. Préchauffer le gril à température maximale.
3. Piquer le poulet mariné sur les brochettes, mettre le tout sur une grille et poivrer.
4. Passer les brochettes au gril pendant 7 à 8 minutes en les retournant de temps en temps, jusqu'à ce qu'elles soient dorées et fermes au toucher.
5. À l'aide d'une cuillère parisienne, prélever des billes de melon et les mélanger avec le kiwi, le mesclun et les feuilles de menthe.
6. Servir les yakitoris avec la salade. Utiliser la marinade restante comme sauce.

Salade d'orange au fenouil

Pour 4 personnes
Préparation : 10 minutes
Cuisson : 10 minutes
Calories par portion : 189

Ingrédients

4 grosses carottes, pelées et coupées en bâtonnets

4 bulbes de fenouil, coupés en quatre

jus d'un citron

2 sucrines, ciselées

fleur de sel et poivre noir du moulin

2 grosses oranges, suprêmes levés

3 cuil. à soupe de pignons

Recette

1. Faire cuire les carottes 6 à 8 minutes à l'eau bouillante salée jusqu'à ce qu'elles soient tendres, puis les égoutter et les rafraîchir à l'eau glacée.
2. Mélanger le fenouil, le jus de citron, les sucrines, du sel et du poivre, et dresser le tout dans des bols.
3. Garnir de suprêmes d'orange, de carottes et de pignons, puis saler et poivrer à nouveau.

Steaks de saumon en salade

Pour 4 personnes
Préparation : 10-15 minutes
Cuisson : 10 minutes
Calories par portion : 405

Ingrédients

4 darnes de saumon de 150 g

2 cuil. à soupe d'huile d'olive

1 grosse tête de chou romanesco, détaillé en fleurettes

1 petite tête de brocoli, détaillée en fleurettes

150 g de mâche

1 petite poignée de roquette

2 cuil. à soupe de noix de cajou

2 cuil. à soupe de noix de pécan

sel et poivre noir du moulin

Recette

1. Préchauffer le four à 220 °C (th. 7-8). Poser le saumon sur une plaque et l'arroser d'huile d'olive, puis saler et poivrer.
2. Enfourner pendant 8 à 10 minutes, jusqu'à ce que le saumon soit ferme au toucher. Pendant ce temps, faire cuire le brocoli et le chou romanesco pendant 6 à 8 minutes à l'eau bouillante salée, jusqu'à ce qu'ils soient tendres.
3. Les égoutter et les rafraîchir à l'eau courante, puis les égoutter à nouveau et les laisser sécher avant de les mélanger à la mâche et à la roquette.
4. Dresser les légumes sur des assiettes et ajouter le saumon. Garnir de noix de cajou et de pécan avant de servir.

Salade de pousses au tofu

Pour 4 personnes
Préparation : 5 minutes
Calories par portion : 141

Ingrédients

450 g de tofu ferme, coupé en dés
2 cuil. à soupe d'huile d'olive
sel et poivre noir du moulin
150 g de pousses de luzerne
quelques pousses variées, pour décorer

Recette

1. Mélanger le tofu, l'huile d'olive, du sel et du poivre.
2. Ajouter les pousses de luzerne, dresser le tout dans des bols et garnir de pousses variées avant de servir.

Carpaccio de légumes

Pour 4 personnes
Préparation : 10 minutes
Calories par portion : 138

Ingrédients

150 g de radis, coupés en fines rondelles
4 grosses betteraves cuites
2 cuil. à soupe d'huile d'olive vierge extra
2 cuil. à soupe de graines de tournesol
2 cuil. à soupe de flocons d'avoine, grillés
1 petite botte de cerfeuil, ciselée
sel et poivre noir du moulin

Recette

1. Couper les betteraves en fines tranches à l'aide d'une mandoline, puis les dresser sur les assiettes en les faisant se chevaucher.
2. Arroser d'huile d'olive, puis garnir de rondelles de radis.
3. Garnir de graines de tournesol, de flocons d'avoine, de cerfeuil, de sel et de poivre.
4. Servir bien frais.

Salade de poulet aux asperges

Pour 4 personnes
Préparation : 10-15 minutes
Cuisson : 25-30 minutes
Calories par portion : 279

Ingrédients

4 blancs de poulet

2 cuil. à soupe d'huile de tournesol

2 pains pitta complets, coupés en deux dans l'épaisseur

250 g de pointes d'asperges, parties fibreuses ôtées

1 oignon rouge, finement émincé

150 g de tatsoi et/ou de feuilles de mizuna

2 cuil. à soupe d'huile d'olive vierge extra

jus d'un demi-citron

sel et poivre noir du moulin

Recette

1. Préchauffer le gril à température maximale. Enduire le poulet d'huile, le saler et le poivrer, puis le disposer sur une plaque.
2. Passer le poulet au gril 16 à 20 minutes en le retournant de temps en temps, jusqu'à ce qu'il soit cuit. Le retirer de la plaque, le couvrir et le laisser reposer.
3. Faire dorer le pain au gril.
4. Blanchir les asperges pendant 2 minutes à l'eau bouillante salée, les égoutter et les plonger dans de l'eau glacée. Les couper ensuite en deux dans la longueur.
5. Mélanger l'oignon, les asperges et le tatsoi, ajouter de l'huile d'olive, du jus de citron, du sel et du poivre.
6. Poser le pain sur les assiettes, ajouter la salade et garnir de poulet.

Salade de fenouil

Pour 4 personnes
Préparation : 10 minutes
Cuisson : 5 minutes
Calories par portion : 176

Ingrédients

1 cuil. à café de moutarde de Dijon
1 cuil. à soupe de vinaigre de vin blanc
1 pincée de sucre
sel et poivre noir du moulin
75 ml d'huile de tournesol
8 œufs de caille
4 bulbes de fenouil
2 grosses pommes granny-smith, évidées
100 g de radis

Recette

1. Mélanger la moutarde, le vinaigre, le sucre, du sel et du poivre dans un petit bol. Verser ensuite l'huile progressivement, jusqu'à épaississement.
2. Faire cuire les œufs pendant 3 minutes à l'eau bouillante salée, les égoutter et les rafraîchir dans de l'eau glacée. Les écaler et les couper en deux.
3. Réserver les frondes de fenouil pour la garniture, puis émincer les bulbes à l'aide d'une mandoline.
4. Couper les pommes et les radis en fines rondelles et les mélanger au fenouil avec un peu de sauce.
5. Dresser la salade dans des bols et la servir avec les œufs, de la sauce supplémentaire, des frondes de fenouil et du poivre noir.

Salade de fruits de mer

Pour 4 personnes
Préparation : 10-15 minutes
Cuisson : 5 minutes
Calories par portion : 253

Ingrédients

100 g de salicorne
150 g de crevettes grises cuites
150 g de crevettes roses, décortiquées
100 g de moules décortiquées
125 g de tomates cerises, coupées en deux
200 g de mesclun
200 g de dés d'ananas en boîte, égouttés
100 g de maïs en boîte, égoutté
quelques pousses variées, pour décorer
pain aux céréales, pour accompagner
sel et poivre noir du moulin

Recette

1. Faire cuire la salicorne pendant 2 à 3 minutes à l'eau bouillante salée, jusqu'à ce qu'elle soit tendre. L'égoutter et la rafraîchir dans de l'eau glacée.
2. Mélanger la salicorne avec les ingrédients restants et répartir le tout dans des bols.
3. Servir accompagné de pain.

Filets de bœuf et leur salade

Pour 4 personnes
Préparation : 10 minutes
Cuisson : 15 minutes
Calories par portion : 223

Ingrédients

2 cuil. à soupe d'huile de tournesol

450 g de filet de bœuf, paré

150 g de tomates ceries multicolores, coupées en quartiers

100 g de pousses d'épinards, lavées

quelques brins de menthe, ciselés

sel et poivre noir du moulin

Recette

1. Préchauffer une poêle à fond épais et y verser l'huile. Saler et poivrer généreusement le bœuf.
2. Déposer délicatement le bœuf dans l'huile chaude et le faire cuire pendant 3 à 4 minutes sans le toucher, jusqu'à ce qu'une croûte grillée se forme dessous.
3. Retourner le filet et le faire cuire encore 3 à 5 minutes, selon son goût.
4. Retirer la viande de la poêle et la laisser reposer pendant au moins 5 minutes sous du papier d'aluminium.
5. Déposer les tomates cerises, les épinards et la menthe sur les assiettes. Couper la viande en lamelles et les empiler à côté de la salade.

Salade de poulet croquante

Pour 4 personnes
Préparation : 10-15 minutes
Cuisson : 10 minutes
Calories par portion : 205

Ingrédients

4 blancs de poulet, coupées en lanières

55 ml d'huile de tournesol

1 chou rouge, ciselées

75 g de radis, coupés en lamelles

2 petites pommes gala, évidées et coupées en fines lamelles

75 g de mâche

1 petite botte de ciboulette, finement hachée

sel et poivre noir du moulin

Recette

1. Préchauffer le gril à température maximale. Enduire les lanières de poulet avec l'huile, puis les saler et les poivrer.
2. Déposer le poulet sur une grille et le passer au gril pendant 8 à 10 minutes en le retournant une fois à mi-cuisson, jusqu'à ce qu'il soit doré et bien cuit.
3. Pendant ce temps, mélanger le chou, les radis, les pommes, la mâche et la ciboulette. Saler et poivrer.
4. Dresser la salade dans des assiettes, puis ajouter le poulet avant de servir.

Salade de poulet fruitée

Pour 4 personnes
Préparation : 15 minutes
Cuisson : 20 minutes
Calories par portion : 275

Ingrédients

2 gros blancs de poulet, coupés en lamelles

2 cuil. à soupe d'huile de tournesol

3 cuil. à soupe d'huile d'olive

300 g d'abricots, dénoyautés et émincés

1 échalote, hachée

100 g de cresson

3 cuil. à soupe d'amandes effilées

3 cuil. à soupe de vinaigre balsamique

1 cuil. à café de grains de poivre variés

Recette

1. Préchauffer un gril en fonte rainuré à feu moyen. Enduire le poulet d'huile, puis le saler et le poivrer.
2. Faire griller le poulet pendant 8 à 10 minutes, jusqu'à ce qu'il soit cuit, puis le réserver.
3. Enduire les abricots d'une cuillerée à soupe d'huile, puis les saler et les poivrer. Les faire cuire dans le gril pendant 4 à 5 minutes, jusqu'à ce qu'ils noircissent légèrement.
4. Mélanger le poulet, les abricots, l'échalote, le cresson et les amandes. Émulsionner l'huile restante avec le vinaigre et les grains de poivre. Servir dans une saucière à part.

Salade de chou chinoise

Pour 4 personnes
Préparation : 10-15 minutes
Calories par portion : 135

Ingrédients

55 ml d'huile d'arachide
2 cuil. à soupe de vinaigre de vin de riz
2 cuil. à soupe de sauce de soja épaisse
1 cuil. à café de sucre en poudre
2 petites têtes de chou chinois, ciselées
4 grosses carottes, pelées et râpées
1 petite botte de menthe, hachée
sel et poivre noir du moulin

Recette

1. Émulsionner l'huile avec le vinaigre, la sauce de soja et le sucre dans un petit bol jusqu'à ce que le sucre soit dissous.
2. Mélanger le chou et les carottes dans un bol, ajouter la sauce et la menthe, et bien mélanger le tout.
3. Saler et poivrer, puis servir dans des bols.

Salade chaude de salicorne

Pour 4 personnes
Préparation : 10 minutes
Cuisson : 25-30 minutes
Calories par portion : 164

Ingrédients

300 g de tomates cerises
2 petites courgettes, coupées en rondelles
55 ml d'huile d'olive
225 g de salicorne
sel et poivre noir du moulin

Recette

1. Préchauffer le four à 200 °C (th. 6-7). Mélanger les tomates cerises, les courgettes, l'huile, du sel et du poivre.
2. Étaler ce mélange sur une grande plaque et l'enfourner pendant 20 à 25 minutes.
3. Faire cuire la salicorne pendant 2 à 3 minutes à l'eau bouillante salée, jusqu'à ce qu'elle soit tendre.
4. L'égoutter et ajouter les légumes avant de servir.

Plats principaux

Préparer un plat de résistance sans lactose est bien plus simple qu'il n'y paraît. Le plus délicat est d'utiliser des matières grasses sans lactose pour la cuisson. Avec ces plats faits maison, vous aurez l'assurance de maîtriser tout ce que vous consommez.

Tout bon cuisinier planifie soigneusement un repas avant de recevoir ou de préparer les repas de la semaine. Cuisiner sans lactose ne fait aucune différence. Prévoyez ce que vous voulez servir en soignant l'équilibre des aliments, des épices et des herbes. Il est pratique d'adopter un rythme (plat végétarien le lundi, poisson le mardi, poulet le mercredi, etc.) qui facilite l'organisation.

N'oubliez pas de vous inspirer des autres cultures, pour ajouter de la variété à vos menus – si vous n'êtes pas sûr que le restaurant indien du coin propose des plats sans lactose, préparez vous-même vos currys !

Salade de blancs de dinde

Pour 4 personnes
Préparation : 10 minutes
Cuisson : 20-25 minutes
Calories par portion : 345

Ingrédients

1 cuil. à café de moutarde de Dijon
2 cuil. à soupe de vinaigre de vin blanc
100 ml d'huile de tournesol
150 g de semoule de couscous épaisse
2 cuil. à soupe d'huile de noix de coco
1 oignon, finement haché
100 g de champignons sauvages, concassés
100 g de pousses d'épinards, rincées
400 g de blancs de dinde rôtie, émincés
sel et poivre noir du moulin

Recette

1. Mélanger la moutarde, le vinaigre, le sucre, du sel et du poivre dans un petit bol. Verser ensuite l'huile progressivement, jusqu'à épaississement.
2. Mettre la semoule dans une grande casserole et la couvrir d'eau. Porter à frémissement à feu moyen, puis poursuivre la cuisson pendant 4 à 5 minutes, jusqu'à ce que la semoule soit tendre. Égoutter.
3. Faire fondre l'huile de noix de coco dans une sauteuse à feu moyen, puis ajouter l'oignon, les champignons et un peu de sel. Faire suer la préparation 6 à 8 minutes, jusqu'à ce qu'elle s'attendrisse.
4. Incorporer la semoule, puis saler et poivrer. Dresser le tout sur les assiettes.
5. Servir arrosé de sauce avec les pousses d'épinards et les blancs de dinde.

Spaghettis végétariens en salade

Pour 4 personnes
Préparation : 10-15 minutes
Cuisson : 15 minutes
Calories par portion : 449

Ingrédients

350 g de spaghettis
2 cuil. à soupe d'huile d'olive
225 g d'oignons grelots, pelés et coupés en deux
3 gousses d'ail noir ou fumé, émincé
150 g de tomates cerises, coupées en deux
100 g d'olives vertes dénoyautées, hachées
1 petite poignée de roquette
sel et poivre noir du moulin

Recette

1. Faire cuire les pâtes 8 à 10 minutes à l'eau bouillante, jusqu'à ce qu'elles soient *al dente*.
2. Pendant ce temps, faire chauffer l'huile d'olive dans une grande casserole à feu moyen, ajouter les oignons, l'ail et un peu de sel, et faire revenir pendant 5 à 6 minutes.
3. Ajouter les tomates cerises et les olives, et poursuivre la cuisson 3 minutes à feu doux.
4. Égoutter les pâtes en réservant 125 ml d'eau de cuisson. Les ajouter dans la casserole en incorporant progressivement l'eau de cuisson si nécessaire.
5. Incorporer la roquette, puis saler et poivrer avant de servir.

Sauté de seitan

Pour 4 personnes
Préparation : 15 minutes
Cuisson : 10 minutes
Calories par portion : 203

Ingrédients

2 cuil. à soupe d'huile de tournesol

450 g de seitan, coupé en lamelles

2 grosses carottes, pelées et coupées en bâtonnets

375 g de haricots verts, coupés en tronçons

100 g de maïs en boîte, égoutté

100 g de pousses de soja

2 cuil. à soupe de sauce de soja claire

1 cuil. à soupe de vinaigre de vin de riz

sel et poivre noir du moulin

Recette

1. Faire chauffer l'huile dans un grand wok à feu vif, puis ajouter le seitan et faire revenir pendant 2 à 3 minutes.
2. Ajouter les carottes, les haricots verts et le maïs, puis couvrir et faire cuire à feu doux pendant 2 à 3 minutes.
3. Retirer le couvercle et ajouter les pousses de soja. Poursuivre la cuisson pendant 2 à 3 minutes, jusqu'à ce que les pousses soient translucides.
4. Rectifier l'assaisonnement avec de la sauce de soja, du vinaigre de vin de riz, du sel et du poivre si nécessaire avant de servir.

Choucroute de la mer

Pour 4 personnes
Préparation : 20 minutes, plus temps de repos
Cuisson : 20-25 minutes
Calories par portion : 379

Ingrédients

1 petit chou blanc, ciselé

2 pommes à couteau, pelées, évidées et râpées

½ cuil. à café de baies de genièvre, pilées

150 g de moules, nettoyées et ébarbées

400 g de filets de saumon sans peau, coupés en 4 morceaux de mêmes dimensions

400 g de filets de flétan sans peau, coupés en 4 morceaux de mêmes dimensions

150 g de crevettes entières

100 g de filets de haddock fumé, coupés en lanières

500 ml de fumet de poisson

quelques brins d'aneth, pour décorer

sel et poivre noir du moulin

Recette

1. Mélanger le chou, les pommes, les baies de genièvre et 1 cuillerée à café de sel dans une grande cocotte. Couvrir et laisser mariner 1 heure.
2. Égoutter le liquide et chauffer à feu moyen.
3. Couvrir et laisser suer pendant 10 à 15 minutes en remuant de temps en temps, jusqu'à ce que le chou s'attendrisse. Ajouter ensuite le poisson et les fruits de mer, et couvrir de fumet.
4. Porter à ébullition et couvrir, puis réduire le feu et laisser mijoter pendant 7 à 8 minutes, jusqu'à ce que les moules soient ouvertes, le poisson cuit et les crevettes roses.
5. Saler et poivrer à volonté, puis dresser la choucroute dans des assiettes creuses. Garnir de brins d'aneth.

Brochettes de poulet au curry

Pour 4 personnes
Préparation : 25 minutes
Cuisson : 10-12 minutes
Calories par portion : 264

Ingrédients

350 g de yaourt au lait de coco sans lactose
1 cuil. à soupe de curry de Madras en poudre
1 pincée de Piment de Cayenne
sel et poivre noir du moulin
4 blancs de poulet, émincés
4 cébettes
½ chou blanc, ciselé
2 grosses carottes, coupées en julienne
jus d'un demi-citron
8 brochettes en bois, mises à tremper 30 minutes avant la cuisson

Recette

1. Préchauffer le gril à température moyenne.
2. Battre les deux tiers du yaourt avec les épices en poudre, du sel et du poivre. Ajouter le poulet et bien mélanger. Couvrir, mettre au réfrigérateur et laisser mariner pendant 15 minutes.
3. Bien égoutter les morceaux de poulet et les piquer sur les brochettes. Disposer les brochettes sur une plaque et les passer au gril pendant 10 à 12 minutes en les retournant souvent, jusqu'à ce qu'elles soient cuites.
4. Émincer 3 cébettes et les mélanger avec le chou, les carottes, le jus de citron, le yaourt restant, du sel et du poivre.
5. Ciseler la cébette restante. Servir le poulet avec la salade garnie de cébette.

Ragoût de brème thaï

Pour 4 personnes
Préparation : 10-15 minutes
Cuisson : 20 minutes
Calories par portion : 245

Ingrédients

1 cuil. à soupe d'huile de tournesol

1 cuil. à soupe de pâte de curry verte thaïe

250 g d'asperges, parées et coupées en tronçons

2 poivrons rouges, épépinés et émincés

500 ml de fumet de poisson, chaud

4 filets de brème de 150 g, écaillés

quelques brins de persil plat frais, pour décorer

sel et poivre noir du moulin

Recette

1. Préchauffer le four à 190 °C (th. 6-7). Faire chauffer l'huile dans une grande cocotte à feu moyen.
2. Ajouter la pâte de curry et la faire revenir pendant 1 minute, jusqu'à ce qu'elle développe ses arômes. Ajouter ensuite les asperges et les poivrons.
3. Faire revenir pendant 2 à 3 minutes à feu doux, puis mouiller avec le bouillon.
4. Porter à frémissement avant de placer le poisson sur la préparation.
5. Saler et poivrer, puis enfourner pendant 10 à 12 minutes, jusqu'à ce que la chair du poisson soit ferme, mais toujours souple au toucher.
6. Assaisonner le bouillon, puis servir le poisson garni de persil et arrosé de bouillon.

Bar en salade

Pour 4 personnes
Préparation : 15 minutes
Cuisson : 15 minutes
Calories par portion : 293

Ingrédients

4 filets de bar de 175 g, désarêtés

225 g de pois mangetout

1 gros concombre, pelé, coupé en deux et épépiné

4 gros radis, émincés finement

2 cuil. à soupe de graines de sésame blanc

1 banane, coupée en deux et émincée

2 oranges sanguines, suprêmes levés

1 piment rouge, épépiné et émincé

quelques brins de coriandre

sel et poivre noir du moulin

Recette

1. Préchauffer le four à 200 °C (th. 6-7) et couvrir une plaque de papier de cuisson.
2. Mettre le poisson sur la plaque, le saler et le poivrer. Enfourner pendant 10 à 12 minutes, jusqu'à ce qu'il soit ferme, mais toujours souple au toucher.
3. Blanchir les pois mangetout à l'eau bouillante salée pendant 2 minutes, puis les égoutter et les rafraîchir dans de l'eau glacée.
4. Émincer le concombre et le mélanger avec les pois mangetout et les radis. Dresser le tout sur les assiettes et parsemer de graines de sésame.
5. Déposer le poisson sur la salade, puis mélanger la banane, l'orange, le piment et la coriandre, et servir ce mélange en accompagnement du bar.

Brochettes de thon de la Méditerranée

Pour 4 personnes
Préparation : 10-15 minutes
Cuisson : 10 minutes
Calories par portion : 398

Ingrédients

600 g de filets de thon, coupés en cubes
4 tranches de prosciutto, pliées en deux
2 tomates, évidées et coupées en deux
1 gros oignon, haché
55 ml d'huile d'olive
1 petite botte de feuilles de basilic, émincée
1 citron, coupé en rondelles
4 brochettes en bois mises à tremper 30 minutes avant la cuisson
sel et poivre noir du moulin

Recette

1. Préchauffer le gril à température maximale. Piquer le thon sur les brochettes en alternant les morceaux avec les tranches de prosciutto, les tomates et l'oignon.
2. Enduire généreusement les brochettes d'huile. Saler, poivrer et parsemer de basilic. Déposer les brochettes sur une grille.
3. Passer les brochettes au gril pendant 6 à 8 minutes en les retournant de temps en temps, jusqu'à ce que le thon soit légèrement et uniformément doré.
4. Garnir de basilic et servir accompagné de rondelles de citron.

Salade de poulet à l'orange

Pour 4 personnes
Préparation : 10-15 minutes
Cuisson : 10 minutes
Calories par portion : 219

Ingrédients

2 cuil. à soupe d'huile de tournesol
2 gros blancs de poulet
1 petite laitue iceberg, ciselée
1 gros concombre, coupé en deux et émincé
2 cuil. à soupe de maïs en boîte, égoutté
2 grosses oranges, suprêmes levés
½ melon cantaloup, détaillé en billes
1 petit oignon blanc, coupé en fins anneaux
1 bonne poignée de cresson, pour décorer
2 cuil. à soupe d'huile d'olive vierge extra
sel et poivre noir du moulin

Recette

1. Faire chauffer l'huile dans une grande poêle à feu moyen. Saler et poivrer le poulet, puis le faire revenir dans la poêle pendant 7 à 8 minutes, jusqu'à ce qu'il soit doré et bien cuit.
2. Mélanger la laitue, le concombre et le maïs dans un bol, puis dresser le mélange sur les assiettes.
3. Ajouter les suprêmes sur le tout, ainsi que les billes de melon, l'oignon blanc, le poulet et le cresson.
4. Arroser d'huile d'olive avant de servir.

Brème vapeur au gingembre

Pour 4 personnes
Préparation : 10-15 minutes
Cuisson : 15 minutes
Calories par portion : 549

Ingrédients

8 filets de brème de 110 g, désarêtés
8 cébettes, grossièrement émincées
250 g de pois mangetout
1 citron, coupé en rondelles
1 morceau de gingembre frais de 3 cm, pelé et haché
1 pincée de graines de fenouil
3 cuil. à soupe de sauce de soja épaisse
400 g de riz basmati cuit

Recette

1. Déposer les filets de poisson dans un grand panier à étuver. Mélanger les cébettes, les pois mangetout, le citron, le gingembre et les graines de fenouil, puis recouvrir le poisson avec ce mélange.
2. Arroser de sauce de soja et couvrir le panier à étuver.
3. Placer le panier sur une casserole d'eau remplie à demi d'eau frémissante. Faire cuire à la vapeur pendant 8 à 10 minutes, jusqu'à ce que le poisson soit ferme, mais toujours souple au toucher.
4. Réchauffer le riz et le répartir dans des bols. Garnir de légumes et de citron, puis ajouter le poisson et servir.

Salade de riz thaïe

Pour 4 personnes
Préparation : 10-15 minutes
Cuisson : 50-55 minutes
Calories par portion : 361

Ingrédients

1 l de bouillon de légumes
225 g de riz sauvage
2 petites têtes de brocoli, séparées en fleurettes
225 g de petit pois
1 petite botte de basilic thaï, ciselé
1 petite botte de menthe, effeuillée
2 cuil. à soupe de vinaigre de vin de riz
1 cuil. à soupe de nuoc-mâm
2 cuil. à soupe de cacahuètes, concassées
sel et poivre noir du moulin

Recette

1. Porter le bouillon à ébullition dans une grande casserole, ajouter le riz et ramener à ébullition. Couvrir et laisser mijoter pendant 45 à 50 minutes, jusqu'à ce que le riz soit tendre.
2. Pendant ce temps, faire cuire le brocoli à l'eau bouillante salée pendant 3 à 4 minutes, puis ajouter les petits pois.
3. Poursuivre la cuisson pendant 2 minutes, puis égoutter les légumes et les rafraîchir dans de l'eau glacée.
4. Lorsque le riz est cuit, le laisser reposer 5 minutes hors du feu sans ôter le couvercle. Aérer ensuite les grains à la fourchette.
5. Ajouter les légumes, les herbes, le vinaigre, le nuoc-mâm, les cacahuètes, du sel et du poivre. Servir le tout dans des bols.

Curry de tofu

Pour 4 personnes
Préparation : 10 minutes
Cuisson : 15 minutes
Calories par portion : 204

Ingrédients

3 cuil. à soupe d'huile de tournesol
sel et poivre noir du moulin
450 g de tofu ferme, coupé en cubes
1 gros oignon, finement émincé
225 g de champignons, émincés
2 cuil. à café de curry de Madras en poudre
½ cuil. à café de cumin en poudre
1 pincée de piment de Cayenne
1 pincée de sucre
150 ml de lait de coco

Recette

1. Faire chauffer l'huile dans une poêle ou une sauteuse à feu moyen. Saler et poivrer le tofu, puis le faire revenir dans la poêle pendant 3 à 4 minutes, jusqu'à ce qu'il soit doré.
2. Réserver le tofu. Mettre les champignons et l'oignon dans la poêle avec un peu de sel, puis les faire revenir pendant 3 à 4 minutes, jusqu'à ce qu'ils s'attendrissent.
3. Ajouter les épices et le sucre, et poursuivre la cuisson pendant 1 minute à feu doux. Remettre ensuite le tofu dans la poêle.
4. Couvrir la préparation de lait de coco et porter à frémissement, puis réduire le feu et laisser mijoter 2 à 3 minutes, jusqu'à épaississement.
5. Saler et poivrer à volonté avant de servir.

Risotto au poulet fumé

Pour 4 personnes
Préparation : 10-15 minutes
Cuisson : 40-50 minutes
Calories par portion : 421

Ingrédients

2 cuil. à soupe d'huile d'olive
1 échalote, finement hachée
2 gousses d'ail, hachées
200 g de riz rond
110 ml de vin blanc sec
1 l de bouillon de volaille, chaud
2 blancs de poulet fumé, hachés
150 g de tomates séchées à l'huile, égouttées et émincées
1 poignée de pousses variées, pour décorer
sel et poivre noir du moulin

Recette

1. Faire chauffer l'huile dans une grande casserole à feu moyen, ajouter l'échalote et l'ail avec un peu de sel, et les laisser suer pendant 4 à 5 minutes, jusqu'à ce qu'ils s'attendrissent.
2. Ajouter le riz et le faire cuire pendant 2 à 3 minutes en remuant souvent de façon à l'enrober d'huile. Déglacer avec le vin et laisser réduire de moitié.
3. Mouiller progressivement avec le bouillon, louche après louche, sans cesser de remuer jusqu'à ce que tout le liquide ait été absorbé. L'opération prend 25 à 35 minutes.
4. Une fois que le riz a gonflé et qu'il est tendre, ajouter le poulet et les tomates séchées, puis saler et poivrer à volonté.
5. Dresser dans des bols et garnir de pousses avant de servir.

Brème rôtie à la provençale

Pour 4 personnes
Préparation : 10-15 minutes
Cuisson : 15 minutes
Calories par portion : 584

Ingrédients

4 filets de brème de 200 g, désarêtés et écaillés

55 ml d'huile d'olive

sel et poivre noir du moulin

300 g de tomates séchées à l'huile

75 g d'olives noires

75 g d'olives vertes

1 petite poignée de feuilles de basilic

Recette

1. Préchauffer le four à 200 °C (th. 6-7) et couvrir un plat à four de papier de cuisson.
2. Déposer le poisson sur le papier et l'arroser d'huile en veillant à l'enrober uniformément. Saler et poivrer.
3. Enfourner pendant 12 à 14 minutes, jusqu'à ce que le poisson soit ferme, mais toujours souple au toucher.
4. Sortir le poisson du feu et le servir sur un lit de tomates séchées, après l'avoir garni d'olives et de basilic.

Salade chaude aux champignons

Pour 4 personnes
Préparation : 10 minutes
Cuisson : 10 minutes
Calories par portion : 149

Ingrédients

3 cuil. à soupe d'huile d'olive
350 g de champignons de Paris
2 cuil. à soupe de vinaigre balsamique
2 cuil. à soupe de pignons
55 g de fromage râpé sans lactose
1 petite botte de basilic, effeuillée
sel et poivre noir du moulin

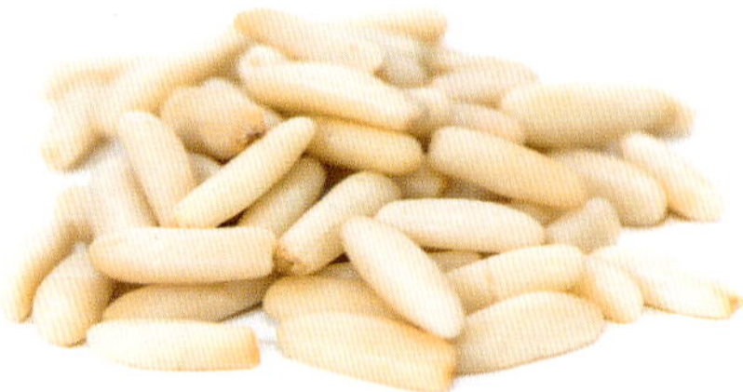

Recette

1. Faire chauffer l'huile dans une grande poêle à feu moyen, puis ajouter les champignons, saler et poivrer.
2. Couvrir et laisser cuire pendant 2 minutes, puis retirer le couvercle et faire revenir pendant 5 à 6 minutes en remuant de temps en temps, jusqu'à ce que les champignons soient tendres et légèrement dorés.
3. Ajouter le vinaigre et les pignons, et poursuivre la cuisson pendant 1 à 2 minutes. Saler et poivrer à volonté.
4. Servir garni de fromage sans lactose et de feuilles de basilic.

Noix de Saint-Jacques marinées

Pour 4 personnes
Préparation : 15 minutes, plus temps de refroidissement
Cuisson : 15 minutes
Calories par portion : 221

Ingrédients

zeste râpé et jus d'un citron

1 petite botte de persil plat frais, ciselée

12 noix de Saint-Jacques fraîches, sans le corail

55 ml d'huile d'olive

1 aubergine, coupée en dés

1 grosse courgette, émincée

200 g de coulis de tomate

sel et poivre noir du moulin

Recette

1. Mélanger le jus et le zeste de citron avec le persil, du sel et du poivre.
2. Ajouter les noix de Saint-Jacques, mettre le tout au réfrigérateur et laisser mariner pendant 15 minutes.
3. Préchauffer le gril à température maximale. Mélanger l'huile, l'aubergine, la courgette, du sel et du poivre.
4. Répartir ce mélange sur une plaque et le passer au gril pendant 6 à 8 minutes en remuant de temps en temps, jusqu'à ce que les légumes soient tendres et dorés.
5. Réchauffer le coulis de tomate à la casserole.
6. Placer les noix de Saint-Jacques sur une plaque et les passer au gril 2 à 3 minutes en les retournant une fois. Les servir sur un lit de légumes, arrosées de coulis.

Desserts

Vous pensez peut-être que de supprimer le lactose de votre alimentation revient à dire adieu à tous les bons desserts – et vous vous trompez ! Il existe tant de substituts pour le lait et la crème que les recettes de gâteaux et autres gourmandises ne manquent pas. Et c'est sans compter tous les sorbets et autres sucreries qui ne contiennent pas du tout de produits lactés.

Comme nous l'avons déjà évoqué, chaque sorte de lait végétal a ses caractéristiques propres, qui influencent le résultat final. Certains laits offrent un crémeux naturel idéal pour la pâtisserie. Les recettes qui suivent prennent ces caractéristiques en compte, mais vous pouvez les adapter en choisissant votre lait végétal de prédilection. Rassemblez les ingrédients indiqués pour la recette que vous avez choisie et s'il vous manque le lait ou la crème mentionnés, n'hésitez pas à utiliser un substitut. N'ayez pas peur de vous lancer dans des expérimentations !

Compote de pommes

Pour 4 personnes
Préparation : 10-15 minutes
Cuisson : 15 minutes
Calories par portion : 344

Ingrédients

2 cuil. à soupe d'huile de noix de coco

1 kg de pommes bramley, pelées, évidées et coupées en dés

150 g de sucre en poudre

3 cuil. à soupe d'eau chaude

1 pincée de noix muscade

1 pincée de cannelle en poudre

biscuits sans lactose, pour accompagner

Recette

1. Faire fondre l'huile dans une casserole à feu moyen.
2. Ajouter les pommes, le sucre, l'eau et les épices, bien mélanger et couvrir la casserole.
3. Faire cuire à feu doux pendant 12 à 15 minutes, jusqu'à ce que les pommes soient très tendres.
4. Écraser la préparation en une purée épaisse, puis laisser tiédir avant de servir accompagné de biscuits sans lactose.

Muffins à la myrtille

Pour 12 muffins
Préparation : 5-10 minutes
Cuisson : 18-22 minutes
Calories par portion : 250

Ingrédients

450 g de farine, tamisée
225 g de sucre en poudre
1 pincée de sel
1 cuil. à café de levure chimique
75 g d'huile de tournesol
125 g de yaourt au lait de coco sans lactose
3 œufs
1 cuil. à café d'extrait de vanille
250 g de myrtilles

Recette

1. Préchauffer le four à 180 °C (th. 6) et placer des caissettes en papier dans un moule à muffins à 12 alvéoles.
2. Mélanger la farine, le sucre, le sel et la levure dans un bol.
3. Dans un autre bol, battre l'huile avec le yaourt, les œufs et l'extrait de vanille de façon à obtenir un mélange homogène.
4. Ajouter ce mélange dans le premier bol, puis incorporer les myrtilles.
5. Répartir la préparation dans les caissettes et enfourner les muffins pendant 18 à 22 minutes, jusqu'à ce qu'ils aient levé et qu'ils soient dorés et souples au toucher. Une brochette piquée au centre d'un muffin doit ressortir sans trace de pâte.
6. Laisser reposer sur une grille avant de servir.

Petits pots de chocolat au tofu

Pour 4 personnes
Préparation : 5 minutes
Cuisson : 10 minutes
Calories par portion : 257

Ingrédients

150 g de chocolat noir, haché
2 cuil. à soupe de sirop d'agave
250 g de tofu soyeux, coupé en cubes
1 cuil. à soupe d'eau chaude

Recette

1. Faire fondre le chocolat au bain-marie.
2. Laisser tiédir brièvement, puis le transférer dans un robot de cuisine.
3. Ajouter le sirop d'agave, le tofu et l'eau, puis mixer jusqu'à obtention d'une consistance crémeuse et lisse.
4. Répartir dans des petits pots et mettre au réfrigérateur avant de servir.

Pêches au granola

Pour 4 personnes
Préparation : 10 minutes
Cuisson : 25-30 minutes
Calories par portion : 356

Ingrédients

2 cuil. à soupe d'huile de tournesol

½ cuil. à café d'extrait de vanille

150 g de flocons d'avoine

1 cuil. à soupe de miel

2 cuil. à soupe de graines de citrouille

3 cuil. à soupe de pistaches décortiquées, hachées

600 g de pêches en bocal au sirop

150 g de yaourt au lait de coco sans lactose, pour accompagner

Recette

1. Préchauffer le four à 150 °C (th. 5) et couvrir une plaque de papier de cuisson.
2. Mélanger l'huile, l'extrait de vanille, les flocons d'avoine, le miel, les graines et les pistaches dans un grand bol.
3. Étaler ensuite le mélange sur la plaque et l'enfourner pendant 20 à 25 minutes, jusqu'à ce qu'il soit doré.
4. Sortir la plaque du four et découper le granola en carrés.
5. Servir les pêches dans leur sirop avec du yaourt au lait de coco et les carrés de granola.

Abricots pochés

Pour 4 personnes
Préparation : 10 minutes
Cuisson : 50-55 minutes
Calories par portion : 307

Ingrédients

750 ml d'eau

250 ml de vin blanc sec

175 g de sucre roux, un peu plus pour saupoudrer

2 gousses de vanille, fendues dans la longueur

600 g d'abricots, dénoyautés

quelques brins de menthe, pour décorer

Recette

1. Mettre l'eau, le vin, le sucre et les gousses de vanille dans une grande casserole. Porter à ébullition en remuant de temps en temps, puis réduire le feu.
2. Ajouter les abricots et les pocher pendant 40 à 45 minutes, jusqu'à ce qu'ils soient tendres.
3. Laisser les abricots et le sirop refroidir légèrement, puis les répartir dans des coupes. Saupoudrer de sucre roux et garnir de brins de menthe.

Soupe de fraises à la lavande

Pour 4 personnes
Préparation : 10 minutes
Cuisson : 15 minutes
Calories par portion : 103

Ingrédients

quelques brins de lavande fraîche
750 ml d'eau froide
75 g de sucre en poudre
450 g de fraises, équeutées et émincées

Recette

1. Mettre la lavande dans une casserole avec l'eau et le sucre. Porter à ébullition à feu moyen en remuant de temps en temps.
2. Une fois que la préparation mijote, ajouter les fraises et couvrir la casserole. Laisser cuire à feu doux pendant 10 minutes, jusqu'à ce que les fraises soient tendres. Servir immédiatement.

Pancakes aux fruits

Pour 4 personnes
Préparation : 15 minutes
Cuisson : 20 minutes
Calories par portion : 422

Ingrédients

150 g de farine

½ cuil. à café de levure chimique

1 cuil. à soupe de sucre en poudre

3 petits œufs, blancs et jaunes séparés

450 ml de lait d'amande

55 g d'huile de noix de coco

2 cuil. à soupe d'amandes effilées

250 g de framboises

2 cuil. à soupe de sucre glace, pour saupoudrer

Recette

1. Mélanger la farine, la levure et le sucre dans un bol. Battre trois jaunes d'œufs avec deux blancs et le lait d'amande. Incorporer ensuite la farine de façon à obtenir une pâte lisse.
2. Battre le blanc d'œuf restant en neige souple et l'incorporer à la pâte.
3. Faire fondre 1 cuillerée à café d'huile de coco dans une poêle à feu moyen. Écraser trois quarts des framboises et les incorporer à la pâte.
4. Verser une louche de pâte dans la poêle et la laisser cuire jusqu'à ce que le dessous soit doré. Retourner le pancake et poursuivre la cuisson pendant 1 minute.
5. Répéter l'opération avec la pâte restante et servir les pancakes garnis d'amandes, des framboises restantes et de sucre glace.

Prunes pochées aux épices

Pour 4 personnes
Préparation : 5-10 minutes
Cuisson : 30-35 minutes
Calories par portion : 335

Ingrédients

1 orange
250 ml de porto
750 ml d'eau froide
150 g de sucre en poudre
1 cuil. à café de clous de girofle
1 bâton de cannelle
600 g de prunes
150 g de yaourt au lait de coco sans lactose, pour accompagner

Recette

1. Prélever le zeste de l'orange et presser son jus dans une casserole.
2. Ajouter le jus d'orange, le porto, l'eau, le sucre et les épices, et porter à frémissement. Ajouter ensuite les prunes.
3. Laisser mijoter pendant 25 à 30 minutes, jusqu'à ce que les prunes soient tendres sous la pointe d'un couteau.
4. Laisser tiédir, puis servir accompagné de yaourt au lait de coco.

Barres de céréales gourmandes

Pour 8 personnes
Préparation : 10 minutes
Cuisson : 35-40 minutes
Calories par portion : 368

Ingrédients

100 g d'huile de noix de coco
55 g de purée d'amande
75 g de sirop d'agave
2 grosses bananes, hachées
60 ml de lait d'avoine
110 g de flocons d'avoine
150 g de farine
110 g de raisins secs

Recette

1. Préchauffer le four à 180 °C (th. 6) et couvrir de papier de cuisson un moule carré de 18 cm de côté.
2. Faire fondre l'huile de coco avec le beurre d'amande et le sirop d'agave dans une casserole, puis transférer le mélange dans un robot de cuisine.
3. Ajouter les bananes et le lait d'avoine, et mixer le tout.
4. Transférer la préparation dans un bol, ajouter les flocons d'avoine, la farine et les raisins secs. Bien mélanger et répartir la préparation dans le moule.
5. Enfourner pendant 25 à 30 minutes, jusqu'à ce que le gâteau soit doré. Laisser refroidir sur une grille, couper et servir.

Poires pochées à l'orange

Pour 4 personnes
Préparation : 10 minutes
Cuisson : 30-35 minutes
Calories par portion : 352

Ingrédients

1 l d'eau froide
175 g de sucre roux
1 gousse de vanille, fendue dans la longueur
110 g de confiture d'orange
zeste et jus d'une orange
4 poires rocha, coupées en deux et évidées

Recette

1. Mettre l'eau, le sucre, la gousse de vanille, la confiture d'orange, le jus d'orange et le zeste dans une casserole. Porter au point d'ébullition, puis réduire le feu.
2. Ajouter les demi-poires et les laisser pocher 25 à 30 minutes, jusqu'à ce qu'elles soient tendres.
3. Laisser les poires et le sirop tiédir avant de servir.

Pommes au four

Pour 4 personnes
Préparation : 15 minutes
Cuisson : 35-40 minutes
Calories par portion : 483

Ingrédients

150 g de flocons d'avoine
75 g de raisins secs
55 g de noisettes, hachées
1 cuil. à soupe d'amandes, hachées
2 cuil. à soupe d'huile de noix de coco, fondue
3 cuil. à soupe de sirop d'agave
4 pommes golden delicious, évidées
2 oranges, suprêmes levés

Recette

1. Préchauffer le four à 180 °C (th. 6). Mélanger les flocons d'avoine, les raisins secs, les noisettes, les amandes, l'huile de coco et le sirop d'agave dans un bol.
2. Évider les pommes et les farcir avec le mélange précédent.
3. Écraser les suprêmes d'orange, puis les répartir dans le fond d'un plat à four. Déposer les pommes sur le tout.
4. Enfourner pendant 35 à 40 minutes, jusqu'à ce que les pommes soient tendres sous la pointe du couteau.
5. Laisser tiédir légèrement avant de servir.

Compote de rhubarbe

Pour 4 personnes
Préparation : 10-15 minutes
Cuisson : 10 minutes
Calories par portion : 385

Ingrédients

750 g de rhubarbe, coupée en tronçons
4 graines de badiane
½ cuil. à café de graines de cardamome
3 cuil. à soupe d'eau chaude
75 ml de jus d'orange
110 g de sucre en poudre
250 g de yaourt au lait de coco sans lactose, pour accompagner

Recette

1. Mettre la rhubarbe dans une grande casserole avec les épices entières, l'eau, le jus d'orange et le sucre.
2. Porter à frémissement, puis couvrir et laisser cuire à feu doux pendant 5 à 6 minutes, jusqu'à ce que la rhubarbe soit tendre sans se déliter.
3. Laisser tiédir, puis servir accompagné de yaourt.

Gelée de fruits rouges

Pour 4 personnes
Préparation : 15 minutes, plus temps de refroidissement
Calories par portion : 173

Ingrédients

125 g de gelée à la fraise, coupée en cubes
600 ml d'eau bouillante
250 g de framboises
350 g de fraises, équeutées et émincées
110 g de groseilles
quelques brins de basilic

Recette

1. Mettre les cubes de gelée dans un pichet et verser un tiers de l'eau bouillante dessus, puis laisser reposer 2 minutes. Remuer jusqu'à ce que la gelée soit dissoute.
2. Ajouter l'eau restante et laisser tiédir.
3. Répartir les fruits dans 4 pots et verser le mélange précédent dessus.
4. Garnir de feuilles de basilic, couvrir et laisser prendre au réfrigérateur.

Poires pochées à la vanille

Pour 6 personnes
Préparation : 5-10 minutes
Cuisson : 50-55 minutes
Calories par portion : 340

Ingrédients

500 ml d'eau

110 g de sucre roux

2 gousses de vanille, fendues dans la longueur

500 ml de vin blanc sec

6 poires mûres, pelées

Recette

1. Mélanger l'eau, le sucre et la vanille dans une grande casserole. Porter à frémissement en remuant de temps en temps, jusqu'à ce que le sucre soit dissous.
2. Ajouter le vin et porter au point d'ébullition. Ajouter ensuite les poires et ramener au point de frémissement.
3. Laisser pocher pendant 40 à 45 minutes, jusqu'à ce que les poires soient tendres sous la pointe du couteau.
4. Laisser tiédir avant de servir.

Gourmandises à emporter

Il est parfois difficile de s'en tenir aux trois seuls repas de la journée. Malheureusement, les en-cas que l'on trouve partout contiennent pour la plupart des produits laitiers : barres de chocolat, biscuits, crackers, fromage…

En adoptant une alimentation sans lactose, vous deviendrez vite un expert dans le choix des en-cas proposés par les distributeurs ou les boulangeries. Vous aurez aussi pris l'habitude de toujours avoir des fruits secs avec vous.

Vous pouvez aussi jeter un œil aux recettes qui suivent et choisir celles qui vous font envie. Ces gourmandises peuvent être préparées en grandes quantités avant d'être congelées. Vous en aurez ainsi toujours sous la main. Attention, vos amis consommateurs de lactose risquent fort d'en vouloir aussi !

Cookies au tofu

Pour 12 cookies
Préparation : 10 minutes
Cuisson : 14-16 minutes
Calories par portion : 78

Ingrédients

110 g de tofu ferme
200 g de son d'avoine
75 g de sirop d'agave
quelques feuilles de menthe, ciselées
½ cuil. à café de cannelle en poudre
½ cuil. à café de levure chimique
½ cuil. à café de bicarbonate de soude
1 pincée de sel
110 g de yaourt au lait de coco sans lactose
1 cuil. à café d'extrait de vanille

Recette

1. Préchauffer le four à 180 °C (th. 6) et couvrir une plaque de papier de cuisson.
2. Hacher finement le tofu dans un robot de cuisine.
3. Le mettre ensuite dans un bol avec le son d'avoine, le sirop d'agave, la menthe, la cannelle, la levure, le bicarbonate de soude et le sel.
4. Bien mélanger, puis incorporer le yaourt et l'extrait de vanille de façon à obtenir une pâte à biscuits grossière ; ajouter un peu d'eau si la pâte semble trop sèche.
5. Façonner des ronds avec la pâte et les répartir sur la plaque en les espaçant bien. Enfourner pendant 14 à 16 minutes, jusqu'à ce que les biscuits soient dorés. Laisser reposer avant de servir.

Petits pots d'airelles

Pour 4 personnes
Préparation : 5 minutes
Cuisson : 20 minutes
Calories par portion : 160

Ingrédients

100 g de sucre en poudre
250 ml d'eau
125 ml de jus d'orange
450 g d'airelles
1 bâton de cannelle

Recette

1. Mettre le sucre, l'eau et le jus d'orange dans une casserole.
2. Porter à ébullition, puis réduire le feu et ajouter les airelles.
3. Mélanger et ramener à ébullition. Réduire à nouveau le feu et laisser mijoter pendant 12 à 15 minutes, jusqu'à ce que les airelles soient tendres et éclatent.
4. Laisser reposer avant de servir.

Muffins à la carotte

Pour 12 muffins
Préparation : 20-25 minutes
Cuisson : 25-30 minutes
Calories par portion : 150

Ingrédients

200 g de farine
1 cuil. à café de levure chimique
1 pincée de cannelle en poudre
½ cuil. à café de sel
175 g de sucre en poudre
3 gros œufs
150 ml d'huile de tournesol
2 grosses carottes, pelées et râpées

Recette

1. Préchauffer le four à 180 °C (th. 6) et mettre des caissettes en papier dans un moule à muffins à 12 alvéoles.
2. Tamiser la farine, la levure, la cannelle, le sel et le sucre dans un bol, et bien mélanger.
3. Battre les œufs avec l'huile dans un pichet, puis ajouter ce mélange dans le bol.
4. Incorporer les carottes et répartir la préparation dans les caissettes.
5. Enfourner pendant 20 à 25 minutes, jusqu'à ce que les muffins aient levé et soient dorés. Une brochette piquée au centre doit ressortir sans trace de pâte.
6. Laisser reposer sur une grille avant de servir.

Crackers au sarrasin

Pour 4 personnes
Préparation : 15 minutes
Cuisson : 10-15 minutes
Calories par portion : 418

Ingrédients

300 g de farine de sarrasin, un peu plus pour saupoudrer

55 ml d'huile de tournesol

½ cuil. à café de sel

110 ml d'eau chaude

2 cuil. à soupe de graines de sésame

2 cuil. à soupe de graines de pavot

175 g de houmous, pour accompagner

Recette

1. Préchauffer le four à 190 °C (th. 6-7) et couvrir une plaque de papier de cuisson.
2. Mélanger la farine, l'huile, le sel et la moitié de l'eau dans un bol. Ajouter de l'eau si nécessaire pour obtenir une pâte qui ne colle pas.
3. Sur un plan de travail fariné, pétrir la pâte brièvement, puis l'étaler de sorte qu'elle ait 0,5 cm d'épaisseur.
4. Découper la pâte en triangles et les répartir sur la plaque. Parsemer de graines de sésame et de pavot.
5. Enfourner pendant 10 à 15 minutes, jusqu'à ce que les biscuits soient dorés et croustillants. Laisser tiédir, puis servir accompagné de houmous.

Tartelettes pommes-cannelle

Pour 8 tartelettes
Préparation : 15 minutes
Cuisson : 30-35 minutes
Calories par portion : 271

Ingrédients

600 g de pommes bramley, pelées, évidées et coupées en dés

125 g de sucre roux

2 cuil. à soupe d'eau

1 bâton de cannelle

250 g de pâte à tarte sans lactose

un peu de farine, pour saupoudrer

4 pommes golden delicious, pelées, évidées et coupées en lamelles

½ cuil. à café de cannelle en poudre

Recette

1. Mettre les dés de pomme, le sucre, l'eau et le bâton de cannelle dans une casserole.
2. Porter à frémissement à feu moyen, puis couvrir et laisser cuire à feu doux pendant 8 à 10 minutes, jusqu'à ce que les pommes soient bien tendres.
3. Réduire les pommes en purée dans un robot de cuisine et laisser refroidir.
4. Préchauffer le four à 190 °C (th. 6-7) et étaler la pâte sur un plan de travail fariné de sorte qu'elle ait 0,5 cm d'épaisseur.
5. Découper 8 ronds d'environ 10 cm de diamètre, les répartir sur la plaque et les piquer à l'aide d'une fourchette.
6. Garnir de purée de pommes, ajouter les lamelles de pommes et enfourner pendant 18 à 22 minutes. Saupoudrer de cannelle.

Compote de pommes à la cannelle

Pour 4 personnes
Préparation : 10-15 minutes
Cuisson : 15 minutes
Calories par portion : 243

Ingrédients

1 kg de pommes bramley, pelées, évidées et coupées en dés

150 g de sucre en poudre

3 cuil. à soupe d'eau chaude

1 bâton de cannelle

1 pincée de cannelle en poudre

Recette

1. Mettre les pommes, le sucre, l'eau et les épices dans une casserole. Mélanger et couvrir.
2. Faire cuire à feu doux pendant 12 à 15 minutes, jusqu'à ce que les pommes soient très tendres.
3. Écraser les pommes en purée épaisse, puis laisser tiédir et répartir dans des petits pots.

Scones

Pour 12 scones
Préparation : 15 minutes
Cuisson : 12-15 minutes
Calories par portion : 131

Ingrédients

75 g d'huile de noix de coco, refroidie et coupée en dés

225 g de farine avec poudre levante incorporée, un peu plus pour saupoudrer

1 cuil. à soupe de maïzena

½ cuil. à café de sel

175 ml de lait d'amande

1 petit œuf, battu

Recette

1. Préchauffer le four à 190 °C (th. 6-7) et couvrir une plaque de papier de cuisson.
2. Mixer l'huile de coco, la farine, la maïzena et le sel jusqu'à obtention d'une consistance de chapelure, puis ajouter le lait d'amande pour obtenir une pâte souple.
3. Sur un plan de travail fariné, étaler la pâte de sorte qu'elle ait 2 cm d'épaisseur.
4. À l'aide d'un emporte-pièce de 5 cm de diamètre, découper 12 ronds de pâte, puis les répartir sur la plaque en les espaçant bien.
5. Enduire les scones d'œuf battu et les enfourner pendant 12 à 15 minutes, jusqu'à ce qu'ils aient levé et soient dorés. Laisser refroidir sur une grille avant de servir.

Crackers aux graines

Pour 4 personnes
Préparation : 20 minutes
Cuisson : 14-16 minutes
Calories par portion : 200

Ingrédients

75 g de farine, un peu plus pour saupoudrer
75 g de farine de sarrasin
½ cuil. à café de sucre en poudre
½ cuil. à café de sel
1 ½ cuil. à soupe d'huile d'olive vierge extra
75 ml d'eau chaude
1 cuil. à soupe de graines de tournesol
1 cuil. à café de graines de lin
1 cuil. à café de graines de pavot noir
fleur de sel

Recette

1. Préchauffer le four à 200 °C (th. 6-7) et couvrir 2 plaques de papier de cuisson.
2. Mélanger les farines, le sucre et le sel dans un grand bol. Ajouter progressivement l'huile et l'eau pour obtenir une pâte souple et collante.
3. Sur un plan de travail fariné, pétrir la pâte brièvement et l'étaler de sorte qu'elle ait 0,5 cm d'épaisseur.
4. Découper des carrés et les répartir sur la plaque en les espaçant bien.
5. Enfourner pendant 14 à 16 minutes, jusqu'à ce que les crackers soient dorés et croustillants. Laisser refroidir sur une grille, puis parsemer de graines et de fleur de sel avant de servir.

Petits clafoutis aux prunes

Pour 4 personnes
Préparation : 15 minutes
Cuisson : 20-25 minutes
Calories par portion : 324

Ingrédients

75 g de farine, tamisée
55 g de sucre en poudre
1 pincée de sel
3 cuil. à soupe d'huile de noix de coco
3 œufs
zeste d'un citron
75 ml de lait d'amande
400 g de prunes en bocal au naturel

Recette

1. Préchauffer le four à 180 °C (th. 6). Dans un bol, mélanger la farine, le sucre et le sel.
2. Incorporer l'huile de noix de coco, les œufs et le zeste de citron de façon à obtenir une pâte lisse. Ajouter le lait d'amande et continuer à battre pendant 2 à 3 minutes, jusqu'à ce que la pâte soit légère et mousseuse.
3. Verser la pâte dans des ramequins et ajouter les prunes.
4. Déposer les ramequins sur une plaque et enfourner pendant 20 à 25 minutes, jusqu'à ce que la pâte ait pris et soit dorée.
5. Laisser tiédir sur une grille avant de servir.

Granité aux agrumes

Pour 4 personnes
Préparation : 10 minutes, plus temps de congélation
Cuisson : 10 minutes
Calories par portion : 194

Ingrédients

750 ml de jus d'orange frais
jus de 2 pamplemousses
75 g de sirop d'agave
2 cuil. à soupe de vodka

Recette

1. Mettre le jus d'orange, le jus de pamplemousse, le sirop d'agave et la vodka dans une casserole.
2. Réchauffer le tout à feu doux sans cesser de remuer, jusqu'à ce que l'agave soit dissous. Laisser refroidir.
3. Verser la préparation dans des récipients peu profonds adaptés à la congélation et mettre au congélateur pendant 2 heures.
4. Briser les cristaux de glace à l'aide d'une fourchette, puis remettre au congélateur pendant 1 heure.
5. Répéter l'étape précédente et laisser prendre complètement.
6. Briser le granité à l'aide d'une fourchette avant de le servir dans des verres.

Tarte Tatin aux noix de pécan

Pour 6 personnes
Préparation : 10-15 minutes
Cuisson : 35-40 minutes
Calories par portion : 388

Ingrédients

75 g d'huile de noix de coco

75 g de sucre roux

75 g de noix de pécan, finement hachées

4 pommes golden delicious, pelées, évidées et coupées en lamelles

100 g de pâte à tarte sans lactose

un peu de farine, pour saupoudrer

Recette

1. Préchauffer le four à 200 °C (th. 6-7). Faire fondre l'huile de noix de coco dans un moule à tarte Tatin ou une poêle de 18 cm à feu moyen.
2. Ajouter le sucre et faire cuire pendant 2 minutes en remuant de temps en temps, jusqu'à obtention d'un caramel. Ajouter les noix de pécan.
3. Réduire le feu et placer les pommes dans le moule en les serrant bien.
4. Faire cuire à feu doux. Étaler la pâte en un rond de 20 cm de diamètre sur un plan de travail fariné et la piquer à la fourchette.
5. Retirer le moule du feu et le couvrir avec la pâte. Rentrer les bords contre les pommes.
6. Enfourner pendant 20 à 25 minutes, puis retourner pour démouler. Servir chaud.

Mini-muffins au chorizo

Pour 12 muffins
Préparation : 10 minutes
Cuisson : 22-25 minutes
Calories par portion : 140

Ingrédients

1 cuil. à soupe d'huile de noix de coco
275 g de farine
1 cuil. à café de levure chimique
½ cuil. à café de sel
1 œuf
225 ml de lait d'amande
150 g de pois mangetout, hachés
150 g de chorizo, pelé et coupé en fins dés
100 g de fromage râpé sans lactose

Recette

1. Préchauffer le four à 180 °C (th. 6) et graisser un moule à muffins à 12 alvéoles avec l'huile de noix de coco.
2. Tamiser la farine, la levure et le sel dans un bol. Battre les œufs avec le lait d'amande, et verser ce mélange dans le bol.
3. Mélanger brièvement de sorte que la pâte commence à s'amalgamer, puis ajouter les pois mangetout, le chorizo et le fromage sans lactose.
4. Répartir la préparation dans le moule et enfourner pendant 22 à 25 minutes, jusqu'à ce que les muffins aient levé et soient dorés.
5. Laisser reposer sur une grille avant de démouler et de servir.

Planifier ses repas

L'un des inconvénients d'une alimentation sans produits laitiers est la restriction qui s'impose à vous dans les rayons du supermarché. Une grande partie des plats et autres aliments prêts à l'emploi contiennent en effet du lactose.

Pour mettre toutes les chances de son côté, l'idéal est de trouver des substituts appétissants pour les produits que vous adorez et que vous avez supprimés de votre alimentation. Ne vous contentez pas de retirer des aliments de votre régime alimentaire, découvrez-en de nouveau pour exciter vos papilles et continuer à être gourmand. Testez les nouvelles recettes présentées dans les pages précédentes afin que le repas ne devienne pas une corvée.

Manger doit rester un plaisir, mais aussi fournir au corps toute l'énergie dont il a besoin.

Restez organisé

Dans le cadre d'une alimentation sans produits laitiers, l'organisation est primordiale pour rendre les choses faciles et agréables. Le week-end, prenez le temps de parcourir les recettes de cet ouvrage et bien d'autres pour prévoir les repas de la semaine à venir. Choisissez deux ou trois déjeuners et préparez-les en quantités doubles, ce qui vous permettra de tenir toute la semaine. Décidez également quels seront vos repas du soir en veillant à choisir des ingrédients cohérents pour éviter le gaspillage.

Il est important de s'octroyer quelques gourmandises. Il y a de fortes chances que votre décision de supprimer les produits laitiers s'applique à long terme, vous devez donc repérer ce qui vous fait plaisir. Cuisinez en grandes quantités et congelez, pour avoir toujours quelque chose sous la main à manger ou à emporter. C'est à vous de jouer pour faire en sorte de vous faire plaisir sans produits laitiers !

Semaine 1

	Petit-déjeuner	Déjeuner	Dîner	En-cas
Lundi				
Mardi				
Mercredi				
Jeudi				
Vendredi				
Samedi				
Dimanche				

Mes ressentis (au début de la semaine)

Améliorations ressenties durant la semaine

Symptômes à éliminer

Nouveaux aliments testés

Semaine 2

	Petit-déjeuner	Déjeuner	Dîner	En-cas
Lundi				
Mardi				
Mercredi				
Jeudi				
Vendredi				
Samedi				
Dimanche				

Mes ressentis (au début de la semaine)

Améliorations ressenties durant la semaine

Symptômes à éliminer

Nouveaux aliments testés

Semaine 3

	Petit-déjeuner	Déjeuner	Dîner	En-cas
Lundi				
Mardi				
Mercredi				
Jeudi				
Vendredi				
Samedi				
Dimanche				

Mes ressentis (au début de la semaine)

Améliorations ressenties durant la semaine

Symptômes à éliminer

Nouveaux aliments testés

Semaine 4

	Petit-déjeuner	Déjeuner	Dîner	En-cas
Lundi				
Mardi				
Mercredi				
Jeudi				
Vendredi				
Samedi				
Dimanche				

Mes ressentis (au début de la semaine)

Améliorations ressenties durant la semaine

Symptômes à éliminer

Nouveaux aliments testés

Liste de courses

Pour commencer, vous trouverez ci-dessous une sélection d'aliments sans produits laitiers qui vous aidera à mieux remplir vos placards. Planifiez vos repas et faites la liste de courses correspondante pour renouveler votre stock.

Les ingrédients du placard

- Huile de cuisson – tournesol, olive, colza, noix de coco
- Chocolat sans lactose
- Poudre de caroube
- Cacao en poudre (pur/cru)
- Miel et sirop (d'érable et d'agave), mélasse
- Polenta (une délicieuse variante pour la chapelure)
- Quinoa (riche en calcium)
- Millet (riche en protéines)
- Haricots – aduki, cornille, borlotti, beurre (parfait pour ajouter du crémeux et de la texture)
- Lentilles et pois chiches
- Champignons déshydratés
- Poisson en conserve
- Graines – citrouille, tournesol, sésame, lin
- Fruits à coque (tous les types, sauf en cas d'allergie)
- Coulis et concentré de tomate
- Pâtes
- Nouilles
- Riz (brun, blanc, basmati, arborio)
- Ail
- Épices
- Herbes
- Maïzena
- Bouillons cubes
- Farine

Réfrigérateur/congélateur et autres

- Lait et crème sans lactose (soja, fruits à coque, riz, etc.)
- Margarine sans lactose (tournesol, soja, etc.)
- Purée de fruits à coque (arachides, amandes, noix de cajou, etc.)
- Yaourt, crème, fromage et crème glacée sans lactose
- Viande
- Poisson et fruits de mer
- Tofu
- Œufs
- Légumes
- Pommes de terre
- Fruits
- Biscuits sans lactose
- Chapelure sans lactose
- Gingembre frais et citronnelle
- Tahin (pâte de sésame)

Un guide fiable

Au début, faire les courses vous prendra plus de temps que d'habitude car vous devrez éviter de nouveaux pièges. Notez ici les produits que vous repérez lors de vos courses pour gagner du temps la fois d'après : ceux que vous avez appréciés, et ceux dont l'étiquette révèle la présence inattendue de lactose. Rappelez-vous toutefois de regarder souvent les étiquettes car la composition d'un produit peut changer.

Autorisé

Interdit

Une nouvelle vie

Alors, comment vous sentez-vous ? Arrivez-vous à profiter des bienfaits d'une vie sans produits laitiers et sans les symptômes qui vous ont poussé au changement ?

En testant les recettes de cet ouvrage, vous avez dû prendre confiance en vous et apprécier cette expérience permettant de manger avec plaisir, sans craindre les effets secondaires de vos repas ou de vos gourmandises. Peut-être avez-vous converti toute la famille à vos nouvelles habitudes alimentaires, afin de leur faire profiter de votre bien-être (et de ne plus préparer qu'un seul plat pour toute la tablée). L'étape suivante est de faire goûter vos créations culinaires à vos amis pour voir s'ils remarquent l'absence des produits laitiers.

Sans retour

Le plus beau, dans tout ce processus, est que l'on souhaite rarement revenir en arrière. Vous oublierez vite les aliments qui vous manquent car, au final, ils ne vous manquent pas tant que cela. Si vous avez malgré tout envie de réintroduire les produits laitiers dans votre alimentation, faites-le progressivement et observez bien les réactions de votre corps. Aux premiers signes de fatigue et si vos problèmes de peau et de digestion reviennent, vous savez ce qu'il vous reste à faire !

Très vite, vous trouverez vos nouveaux aliments préférés, et ils seront bien plus naturels. C'est en cuisinant et en dégustant de nouvelles choses que vous oublierez les produits laitiers, le tout avec une capacité d'organisation accrue. Alors, bienvenue dans votre nouvelle vie !

Consultant diététicien : Jo Stimpson.

Textes : Lisa Regan.

Photographies des aliments et des recettes : PhotoCuisine UK.

Crédits photographies

Toutes les photos par Photo Cuisine, sauf Dreamstime : 4, 25 Mimagephotography, 8, 45b, 79b Robyn Mackenzie, 11 Vgstudio, 12 Captainzz, 13 Stuart Monk, 14 Maska82, 16 Johan Larson, 18 Karen Sarraga, 21d Photokinstock, 22 Jita, 24, 112 Monkey Business Images, 26g Yew Wah Kok, 28g Puwadol Srisawang, 28d Tmcphotos, 29 Judwick, 34b Kirill Krasnov, 36b, 43b Goodween123, 36b Joao Virissimo, 37b HandmadePictures, 41b Valentyn75, 42b Tracy Hebden, 46b Andrey Pavlov, 47b, 114 123object, 50b, 52b Natika, 53b Peter Zijlstra, 56b Ukrphoto, 57b Svetlana Kuznetsova, 58b Valentyn75, 59b Eric Gevaert, 60b, 61b, 88b, 119 Olga Lupol, 62b Roman Ivaschenko, 63b Martinlee58, 66b Aurinko, 67b Katarzyna Bialasiewicz, 68b Sommai Sommai, 69b Miroslav Beneda, 70b Gualtiero Boffi, 71b Jiri Miklo, 76b Shane White, 77b Nuttapong, 80b HandmadePictures, 85b, 121 Alexstar, 96b Jf123, 100b Zts, 102b Dannyphoto80, 111b Yeraylc, 113 Ginasanders, 117 Yvdavyd, 122b Isebastian, 124h Charlieaja, 126 Grosremy, 127 Epicstock ; Shutterstock : 6 wavebreakmedia, 7 Dmitriy Shironosov, 9 Nitr, 10 Eric Gevaert, 15 kaarsten, 17 Blend Images, 19, 20 Africa Studio, 21g, 87b, 115 Nattika, 23 JeremyRichards, 26d chirapbogdan, 27h Catalin Petolea, 27b Yulia Davidovich, 30 AN NGUYEN, 31 stockcreations, 38b turtix, 39b Tim UR, 40b Christian Jung, 43b, 116 JeniFoto, 51b Maks Narodenko, 54b Kazlouski Siarhei, 55b Bildagentur Zoonar GmbH, 72b Cameramannz, 73b EM Arts, 74b, 120 Viktar Malyshchyts, 75b Volosina, 78b, 118 Elovich, 81b NIPAPORN PANYACHAROEN, 84b MidoSemsem, 86b Picsfive, 89b Marek Walica, 90b Sailorr, 91b, 93b Valentyn Volkov, 92b Maks Narodenko, 94b Roman Samokhin, 95b bonchan, 97b Goncharuk Maksim, 101b Dionisvera, 103b Diana Taliun, 104b Robyn Mackenzie, 105b Anton-Burakov, 106b amphaiwan, 107b Andrey Starostin, 108b Emilio100, 109b andersphoto, 110b Dancestrokes, 122h Kovaleva_Ka, 123 Sergiy Zavgorodny, 124b Shawn Hempel, 125 Francesco83 ; Thinkstock : 128 AntonioGuillem.